BAUDELAIRE: HÉROS ET FILS

STANFORD
FRENCH AND ITALIAN
STUDIES

volume VIII

ANMA LIBRI

BAUDELAIRE: HÉROS ET FILS

DUALITÉ ET PROBLÈMES DU TRAVAIL
DANS LES LETTRES À SA MÈRE

HÉLÈNE FREDRICKSON

1977

ANMA LIBRI

Stanford French and Italian Studies is a collection of scholarly publications devoted to the study of French and Italian literature and language, culture and civilization. Occasionally it will allow itself excursions into related Romance areas.

Stanford French and Italian Studies will publish books, monographs, and collections of articles centering around a common theme, and is open also to scholars associated with academic institutions other than Stanford.

The collection is published for the Department of French and Italian, Stanford University by Anma Libri.

841
B33xfr

Table des Matières

I

Aspects du Problème de la Dualité chez Baudelaire

De tous les héros littéraires du dix-neuvième siècle, Baudelaire a peut-être souffert le plus de la "hantise de la page blanche," d'une profonde ambivalence entre la certitude de son génie et la tentation du silence. Il écrivait dans ses journaux intimes: "Il faut travailler, sinon par goût, au moins par désespoir, puisque, tout bien vérifié, travailler est moins ennuyeux que s'amuser."[1] Une telle déclaration semble comme une réticence nouvelle par rapport aux affirmations du romantisme qui ne voyait de frein ni à ses aspirations ni à sa liberté d'expression. Au lieu de liberté, Baudelaire parle de travail; à tout moment dans son œuvre, il est question de travail, dans ses journaux intimes, dans sa correspondance, dans sa critique et même dans sa poésie en vers ou en prose. On pourrait s'étonner de cette importance que lui donne un poète. Ne suppose-t-on pas communément que l'inspiration doit être la chose capitale pour lui? Sans inspiration, en effet, il n'est pas de poésie, mais pour Baudelaire qui prend la poésie au sérieux, sans le travail, l'inspiration n'aboutit à rien. Il rejette souvent avec humeur cette distinction comme un faux problème, car ce n'est pas l'inspiration qui lui fait défaut: "L'inspiration vient toujours quand l'homme le *veut*, mais elle ne s'en va pas toujours quand il le veut";[2] trop d'inspiration nuirait peut-être car on risque de s'y oublier et, à tout prendre, il s'en défie: "Défions-nous du peuple, du bon sens, du cœur, de l'inspiration, et de l'évidence."[3] Partout dans sa critique il condamne ceux qui trouvent en elle une ressource exclusive et les appelle des "paresseux," car "l'inspira-

---

[1] Charles Baudelaire, *Mon Cœur mis à nu*, p. 1277. Cette référence, comme les suivantes, est aux *Oeuvres Complètes*, Bibliothèque de la Pléiade (Paris: Gallimard, 1961).
[2] *Fusées*, p. 1256.
[3] *Mon Cœur mis à nu*, p. 1287.

tion . . . n'est que la récompense de l'exercice quotidien."[4] Ce qui est aujourd'hui un lieu commun devait sembler sévèrement classique après la révolution du romantisme et ses vastes effusions lyriques. Il s'opère ainsi un décalage dans la pensée de Baudelaire et la distinction inspiration-travail glisse à paresse-travail: c'est en ces termes que Musset devient si souvent la cible de son ironie critique en tant que mauvais poète exemplaire.

L'importance que Baudelaire donne au travail, à l'effort de l'artiste, tient à ses principes esthétiques, mais ces principes eux-mêmes tiennent certainement en partie à la conscience de l'effort qui lui est personnellement nécessaire pour créer, qui fait de l'acte poétique une alchimie au sens propre, un tourment perpétuel pour extraire de la boue quelques gouttes d'or. Si la critique de Baudelaire témoigne souvent de ce souci esthétique à l'égard de l'œuvre d'autrui, les *Lettres à sa Mère* montrent la réalité vécue d'où naît cette exigence: l'œuvre poétique qu'il veut créer semble toujours remise en question par la menace constante de la paresse qui est pour lui un véritable mal. Les remords qui le font souffrir se traduisent en irritation envers la facilité d'autrui, envers un art trop aisément satisfait; sa critique disciplinaire semble la projection sur le plan esthétique de son propre tourment moral. Il est trop conscient du tourment nécessaire pour accorder le nom d'art aux produits d'une facilité qui l'irrite. Ainsi, dans la mesure où le travail est la condition *sine qua non* de l'œuvre dont l'accomplissement est la raison d'être de l'ambition de Baudelaire, et la paresse, ce qui menace de la dissiper, la dichotomie travail-paresse correspond au souci baudelairien fondamental: "De la vaporisation et de la centralisation du *Moi*. Tout est là."[5] La centralisation du moi, c'est l'organisation des forces mentales dont le travail est le signe du fonctionnement efficace, et la vaporisation est une désorganisation dont la paresse est la conséquence. C'est en ces termes que Baudelaire peint le portrait de son alter-ego, le personnage de Samuel Cramer, homme divisé dans son être de façon caricaturale: "C'est à la fois un grand fainéant, un ambitieux triste, et un illustre malheureux; car il n'a guère eu dans sa vie que des moitiés d'idées. Le soleil de la paresse qui resplendit sans cesse au-dedans de lui, lui vaporise et lui mange cette moitié de génie dont le ciel l'a doué . . . Samuel fut, plus que tout autre, l'homme des belles œuvres ratées . . . impuissance si colossale et si énorme qu'elle en est épique!"[6]

La difficulté du travail et le problème de la paresse ne doivent donc pas être considérés comme une question mineure, car ils s'inscrivent dans le vaste contexte des préoccupations baudelairiennes.

---

[4] *Les Martyrs ridicules*, p. 754.
[5] *Mon Cœur mis à nu*, p. 1271.
[6] *La Fanfarlo*, p. 485.

"Pour deviner l'âme d'un poète," écrit Baudelaire dans son article sur Banville, "ou du moins sa principale préoccupation, cherchons dans ses œuvres quel est le mot ou quels sont les mots qui s'y représentent avec le plus de fréquence. Le mot traduira l'obsession."[7] Baudelaire cite de mémoire comme il le fait souvent, négligeant d'attribuer cette pensée à son auteur, Sainte-Beuve. Comme Samuel Cramer, il tire parti de ce qui lui semble beau et profite ici d'une méthode: "Un des travers les plus naturels de Samuel était de se considérer comme l'égal de ceux qu'il avait su admirer; après une lecture passionnée d'un beau livre, sa conclusion involontaire était: voilà qui est assez beau pour être de moi!—et de là à penser: c'est donc de moi,—il n'y a que l'espace d'un tiret."[8] Il aurait pu dire de cette phrase, "voilà qui est assez juste pour être de moi." Cette phrase suggère une méthode d'enquête littéraire fondée sur l'impression plutôt que sur l'importance linguistique de la répétition; elle laisse ouverte la possibilité que l'œuvre même de Baudelaire soit aussi le champ d'expression de ses propres obsessions.

Chez Banville, Baudelaire trouve en effet un mot qui, "par sa fréquente répétition . . . peut servir à caractériser, mieux que tout autre, la nature de son talent . . . Ce mot, c'est le mot *lyre*." C'est un mot qu'il ne faut pas prendre uniquement dans son sens étroit mais pour ses qualités suggestives, car il "comporte évidemment pour l'auteur un sens prodigieusement compréhensif." Le mot "lyre" suggère essentiellement "les belles heures de la vie, c'est-à-dire les heures où l'on se sent heureux de penser et de vivre," et que le talent de Banville a su évoquer.[9] Si Baudelaire, dans ces observations, nous éclaire sur "l'âme" de Banville et indique une méthode, il nous met aussi sur la piste de ses obsessions à lui: à la recherche de la caractéristique essentielle d'une œuvre, le critique glisse dans ses écrits esthétiques ses soucis de poète et d'homme et manifeste son plaisir de trouver chez autrui ses propres aspirations, celles des "belles heures," si rares et si chères, projetant ainsi ses désirs intimes dans sa pensée critique.

Si, à l'instar de Baudelaire, on observe ce principe critique à la lecture de Baudelaire lui-même et si l'on fait la chasse aux mots-clés dans son œuvre, on découvre que ce n'est pas une seule obsession qu'elle traduit, mais un grand nombre d'obsessions. Celles-ci sont des préoccupations d'ordre esthétique, métaphysique, moral, ou d'une nature plus simplement humaine et quotidienne qui ressortissent aux plaisirs ou plus souvent aux difficultés personnelles de la vie du poète. Les premières contribuent à la pensée du poète, les autres participent de sa vie quotidienne, mais comme il est inévitable chez un poète dont la vie et l'œuvre sont si étroitement

---

[7] *Réflexions sur mes Contemporains*, VII, 735.
[8] *La Fanfarlo*, pp. 485-486.
[9] *Théodore de Banville*, p. 735.

liées, leurs deux champs d'action se chevauchent et quelquefois ne peuvent se distinguer l'un de l'autre. La hantise du travail journalier, par exemple, que Baudelaire trouve chose si difficile , est ainsi liée à l'espérance du salut car l'effort est un des éléments de la postulation vers Dieu, et en revanche s'oppose, entre bien d'autres choses, à la croyance au "progrès," que Baudelaire qualifie de "doctrine de paresseux."[10] On voit ainsi le travail, une des obsessions capitales de Baudelaire, jouer ici sur trois niveaux différents, moral, métaphysique et historique. On comprend donc l'importance du concept de "travail" dans l'œuvre critique où il entre au nombre de ses critères: Baudelaire fait souvent l'éloge des artistes en proportion de l'effort dont ils ont fait preuve, ou plus souvent encore, les dénonce pour leur "paresse."

On voit donc que l'idée de "travail" appelle celle de "paresse." La plupart des autres obsessions de Baudelaire ont ainsi leur répondant ou leur contraire, telles que le rêve et la réalité, l'action et l'intention, l'ordre et le désordre, le temps et son abolition, la nature et la sur-nature, etc. En outre, les niveaux glissent et changent, de la métaphysique à la morale, du quotidien à l'esthétique; les couples d'opposés peuvent changer de partenaire, mais les partenaires appartiennent toujours à la même famille, car toutes ces obsessions sont apparentées et sont fondées sur le principe de la dualité qui sert d'articulation pour Baudelaire dans sa vision du monde.

Il est peut-être banal de parler de "dualité" à propos de Baudelaire, mais je voudrais pourtant souligner l'importance de ce concept pour évaluer le rôle des lettres de Baudelaire à sa mère dans l'ensemble de son œuvre, comme j'essayerai de le faire plus tard. En effet l'idée de "dualité" revient si souvent dans son œuvre, sous une forme ou sous une autre, en propre terme ou sous une forme qui la suggère, qu'elle pourrait bien elle aussi être considérée comme ce qu'il appelle une "obsession," comme un écartèlement toujours présent, et ainsi caractériser sa pensée. "La dualité de l'art est une conséquence fatale de la dualité de l'homme."[11] On peut prendre comme modèle thématique de la dualité l'opposition Dieu-Satan du texte fameux de *Mon Cœur mis à nu,* car c'est elle en définitive qui donne à tous les contraires en présence dans tous les exemples de dualités le signe positif ou négatif de leur valeur morale ou métaphysique: "Il y a dans tout homme, à toute heure, deux postulations simultanées, l'une vers Dieu, l'autre vers Satan. L'invocation à Dieu, ou spiritualité, est un désir

[10] *Mon Cœur mis à nu*, p. 1276. (Baudelaire considère la "croyance au progrès" comme "une doctrine de paresseux" car il s'agit, selon lui, d'un progrès essentiellement technique alors que le vrai progrès devrait être moral, ou effort de régénération de l'homme, et aussi parce que l'idée de progrès implique une sorte d'inévitabilité ou de fatalité qui rend vaine la régénération morale.)

[11] *Le Peintre de la Vie moderne*, p. 1154.

de monter en grade; celle de Satan, ou animalité, est une joie de descendre."[12] On retrouve la même opposition dans l'étude sur Wagner: "*Tannhäuser* représente la lutte des deux principes qui ont choisi le cœur humain pour principal champ de bataille, c'est-à-dire de la chair et de l'esprit, de l'enfer avec le ciel, de Satan avec Dieu. Et cette dualité est représentée tout de suite, par l'ouverture, avec une incomparable habileté."[13] Le premier de ces textes suggère une vision de l'homme à la fois métaphysique et morale, tandis que le second évoque la richesse poétique qui peut naître de ce conflit; il ajoute à ce propos: "Que n'a-t-on pas déjà écrit sur ce morceau? . . . c'est le propre des œuvres vraiment artistiques d'être une source inépuisable de suggestions."[14] Il faut prendre ce dernier terme dans son sens proprement baudelairien qui implique un contenu poétique ouvrant sur l'infini.

La dualité n'est pas seulement cette profonde coupure qui divise l'homme ainsi que le monde, mais présente "dans tout homme, à toute heure," elle marque chaque moment de la pensée et toute pensée: sur le modèle de la double postulation, elle se subdivise en toute une série de dualités particulières et moins imposantes, et joue comme un rôle de mécanisme structural dans l'œuvre de Baudelaire à tel point qu'aucune pensée ne semble venir à son esprit sans qu'elle n'évoque directement ou indirectement son contraire. S'il tente par exemple de définir ce qu'est pour lui la poésie, il commence par libérer ce terme d'un contenu traditionnel qu'on lui a donné à tort: elle n'a rien à voir avec le bien ou avec la vérité, ou avec la représentation de la nature. Qu'est-elle? "La Poésie est ce qu'il y a de plus réel, c'est ce qui n'est complètement vrai que dans *un autre monde*."[15] C'est une façon de penser qui ouvre facilement la voie à la contradiction, réelle ou apparente, comme l'a souligné Leakey dans son livre, *Baudelaire and Nature*—livre qui suit les fluctuations dans le cheminement chronologique de la pensée de Baudelaire et note ses inconsistances plutôt que la permanence de la dualité.[16] Mais se contredire est un droit que Baudelaire lui-même avait revendiqué: "Parmi les droits dont on a parlé dans ces derniers temps, il y en a un qu'on a oublié, à la démonstration duquel *tout le monde* est intéressé,—le droit de se contredire."[17] Baudelaire n'est d'ailleurs pas à la poursuite d'une cohérence mais plutôt de l'expression poétique de la contradiction inhérente à chaque situation de la vie. Peut-être est-ce pour cette raison qu'il écrit, dans son article sur

[12] *Mon Cœur mis à nu*, p. 1277.
[13] *Richard Wagner et "Tannhäuser" à Paris*, p. 1223.
[14] Ibid., p. 1223.
[15] *Puisque Réalisme il y a*, p. 637.
[16] F.W. Leakey, *Baudelaire and Nature* (Manchester University Press, 1969).
[17] *Essais et Nouvelles*, VIII, p. 534. Cité par Leakey, p. 124.

l'Exposition universelle de 1855, qu'il n'a pas élaboré de système, et que, même s'il l'avait fait, c'eût été pour le répudier aussitôt: "J'ai essayé plus d'une fois, comme tous mes amis, de m'enfermer dans un système pour y prêcher à mon aise. Mais un système est une espèce de damnation qui nous pousse à une abjuration perpétuelle; il en faut toujours inventer un autre, et cette fatigue est un cruel châtiment." Le système en question serait une théorie générale du "beau," qui contiendrait tout, mais risquerait de figer sa pensée: "Et toujours mon système était beau, vaste, spacieux, commode, propre et lisse surtout. . . . Et toujours un produit spontané, inattendu, de la vitalité universelle venait donner un démenti à ma science enfantine et vieillotte. . . ." Au contraire des "professeurs-jurés" et des abstracteurs de quintessence qui ont décidé une fois pour toutes des conditions et de la nature du "Beau" absolu et traditionnel, il laisse ainsi la porte ouverte à la vie et la prend comme critère dans sa conception de la relativité du beau. "Condamné sans cesse à l'humiliation d'une conversion nouvelle, j'ai pris un grand parti. Pour échapper à l'horreur de ces apostasies philosophiques, je me suis orgueilleusement résigné à la modestie: je me suis contenté de sentir; je suis revenu chercher un asile dans l'impeccable naïveté. . . . C'est là que ma conscience philosophique a trouvé le repos; et, au moins, je puis affirmer . . . que mon esprit jouit maintenant d'une plus abondante impartialité."[18] C'est en poète plutôt qu'en philosophe que Baudelaire a renoncé à construire un système et s'est "contenté de sentir" et le style même de ce morceau le prouve, par son ironie, son sens du concret, son ton personnel où l'homme ne manque pas de se glisser. Refusant le système, Baudelaire laissait le champ libre à la critique qui ne s'est pas fait faute de construire pour lui non pas "le système" mais "les systèmes" qu'il avait renoncé à élaborer. Un critique écrit comme introduction à un nouvel article: "En présence de cette pensée complexe, les critiques n'ont pas manqué d'édifier . . . plusieurs systèmes, tous plus ou moins cohérents, tous plus ou moins plausibles, mais qui se contredisent d'une manière si flagrante qu'aucun ne peut être entièrement vrai."[19] Les systèmes qui prétendent expliquer ou éclairer la pensée de Baudelaire, en fait, la développent à partir de fragments de pensée, de suggestions, d'intuitions, de "fusées" d'un poète pensant plutôt que de l'ébauche d'un système. Aussi lorsque la critique voit en Baudelaire le "penseur" ou le "philosophe" qu'il se voulait être à cause de son intérêt passionné pour les idées abstraites, elle exagère sans doute un peu, car si Baudelaire pense, certes, il pense plutôt en poète qu'en philosophe, et en restant sur le terrain à la fois instable et sûr de la

---

[18] *Exposition Universelle–1855*, pp. 955-956.
[19] L.J. Austin, "Baudelaire et l'énergie spirituelle," *R.S.H.*, fasc. 85 (1957), 35.

dualité, il ne s'aventure jamais très loin dans le domaine de l'abstraction. Il fonde ses idées sur des intuitions successives et sa pensée ne s'avance pas avec la logique de l'abstrait. Son style aussi, même dans les passages où il traite de questions abstraites, est souvent celui du poème en prose. Dans le magnifique passage sur l'imagination, "la Reine des Facultés," on voit sa pensée enthousiaste procéder par bonds plutôt que selon un mouvement discursif, par des affirmations successives qui essayent d'emporter l'assentiment et l'imagination du lecteur et ne cherchent pas à prouver.[20] Lorsqu'il en vient à des questions encore plus abstraites, comme la théorie de l'imagination créatrice, la doctrine des "correspondances," la croyance maistrienne au péché originel, etc., il emprunte souvent à autrui une terminologie qui contribue à la structure de sa pensée plutôt qu'elle ne l'enrichit, car elle est *a posteriori* et la profondeur de cette pensée se déduit de son contenu poétique déjà conçu plutôt que des idées d'autrui.[21] Il écrit bien que "l'homme de lettres remue des capitaux et donne le goût de la gymnastique intellectuelle," et plus loin, que "l'enthousiasme qui s'applique à autre chose que les abstractions est un signe de faiblesse et de maladie,"[22] mais ceci n'est pas garant d'un système philosophique; en fait, la deuxième phrase est peut-être un reproche qu'il s'adresse à lui-même, précisément en poète conscient de ses contradictions.

Une pensée si imprégnée du sens de la dualité est la marque propre de la poésie, de la pensée mythique, qui n'abolit pas l'antinomie mais tente de la transcender dans l'image. Même lorsque Baudelaire est critique, c'est en poète qu'il est critique et peut deviner intuitivement le processus de la création poétique chez les autres. "Il serait prodigieux qu'un critique devînt poète, et il est impossible qu'un poète ne contienne pas un critique. Le lecteur ne sera donc pas étonné que je considère le poète comme le meilleur de tous les critiques."[23]

Si on retourne au texte sur Banville cité au début, on trouve peu après la phrase sur les "obsessions" un exemple de la dualité, ou effet de contraste mis au service du processus critique. Pour faciliter la définition de ce qu'il appelle le "lyrisme" de Banville, Baudelaire commence par souligner ce qu'il ne peut être: ". . . Si le poète lyrique trouve occasion de parler de lui-même, il ne se peindra pas penché sur une table, barbouillant une page blanche d'horribles petits signes noirs, se battant contre la phrase rebelle ou luttant contre l'inintelligence du correcteur d'épreuves, non plus que

---

[20] *Salon de 1859*, pp. 1036-1040.
[21] Voir R. Vivier, *L'Originalité de Baudelaire* (Bruxelles: Palais des Académies, 1952), p. 291, et le commentaire par L.J. Austin in *L'Univers poétique de Baudelaire* (Paris: Mercure de France, 1956), p. 53.
[22] *Fusées*, pp. 1250-1251.
[23] *Richard Wagner*, p. 1222.

dans une chambre pauvre, triste ou en désordre."[24] Ce que le lyrisme ne saurait être, c'est une image fidèle de l' "Horrible vie," telle qu'il la connaît et que peut-être Banville connaît aussi; il doit évoquer "les belles heures de la vie." La mort, comme la vie, devra être transfigurée: ". . . S'il veut apparaître comme mort, il ne se montrera [pas] pourrissant sous le linge, dans une caisse de bois. Ce serait mentir. Horreur! Ce serait contredire la vraie *réalité*, c'est-à-dire sa propre nature." Car, "le poète mort . . . ne peut se reposer que dans de verdoyants Elysées, ou dans des palais plus beaux et plus profonds que les architectures de vapeurs bâties par les soleils couchants."[25] Il est fascinant de voir dans ce passage, qui prétend définir "la vraie réalité" de Banville, comment, sans critiquer celle-ci explicitement, Baudelaire glisse sa propre forme de lyrisme et sa poésie fondée sur l'antinomie entre "l'horreur de la vie et l'extase de la vie."[26] Cette chambre où Baudelaire souffre de l' "horrible vie" et où en même temps il jouit d'une "extase" temporaire, on la trouve dans "la Chambre double" et "A une Heure du Matin,"[27] du *Spleen de Paris*, poèmes qui étaient la réalisation du "miracle d'une prose poétique, . . . [propre à] s'adapter aux mouvements *lyriques* de l'âme . . . ," ou dans un poème des *Fleurs du Mal*, où "la lune offensée" voit "le poète buter du front sur son travail."[28] On pourrait mettre en regard des "verdoyants Elysées" de Banville la pourriture d' "Une Charogne" dont le poète fait la promesse à sa maîtresse. Et les "palais plus beaux et plus profonds que les architectures de vapeurs bâties par les soleils couchants" ressemblent à une des rares joies que Baudelaire connaisse au sein même de la vie, comme en témoignent bien des textes. Une sorte de dualité peut pénétrer pourtant le lyrisme de Banville: "Le poète sait descendre dans la vie; mais . . . de la laideur et de la sottise il fera naître un nouveau genre d'enchantements."[29] C'est tout l'article sur Banville qu'on voudrait citer, mais il suffit de quelques lignes pour se rendre compte que Baudelaire en dit autant sur lui-même, ses obsessions, sa conception de la vie et de la poésie que sur l'art de Banville, et on est déçu de lire le texte de Banville mais émerveillé de voir ce que l'imagination poétique et critique fait de sa pâture.

Baudelaire procède ainsi souvent dans sa critique, mettant en relief une idée ou une image par son contraire, jouant sur l'effet intense de leur juxtaposition. La double postulation trouve ainsi des échos dans l'article

---

[24] *Banville*, p. 737.
[25] Ibid.
[26] *Mon Cœur mis à nu*, XL, 1296.
[27] "La Chambre double," et "A une Heure du Matin," *Spleen de Paris*, pp. 232-235 et 240-241.
[28] *Spleen de Paris*, p. 229, et *Fleurs du Mal*, additions de la troisième édition, p. 174.
[29] *Banville*, p. 738.

sur Asselineau, le titre lui-même "la Double Vie," et la phrase célèbre: "Qui parmi nous n'est pas un *homo duplex*? . . . toujours double, action et intention, rêve et réalité. . . ."[30] C'est le même concept de dualité par lequel Baudelaire explique "l'essence du rire": ". . . Comme le rire est essentiellement humain, il est essentiellement contradictoire, c'est-à-dire qu'il est à la fois signe d'une grandeur infinie et d'une misère infinie, misère infinie relativement à l'Etre absolu dont il possède la conception, grandeur infinie relativement aux animaux. C'est du choc perpétuel de ces deux infinis que se dégage le rire."[31] Cette phrase à l'accent pascalien est le résumé d'un développement sur le "satanisme" du rire, et pourrait être l'explication du sens du tragique autant que du rire; c'est du rire du grand Melmoth qu'il s'agit, qui ressemble comme un frère à l'homme que Baudelaire voudrait être: "Quoi de plus grand, quoi de plus puissant relativement à la pauvre humanité que ce pâle et ennuyé Melmoth? Et pourtant, il y a en lui un côté faible, abject, antidivin et antilumineux. Aussi comme il rit, . . . se comparant sans cesse aux chenilles humaines, lui si fort, si intelligent. . . . Et ce rire est l'explosion perpétuelle de sa colère et de sa souffrance. . . ."[32]

On retrouve le même genre d'antithèse dans la découverte dans l'art d'autrui de la sagesse et de la folie, comme dans l'œuvre du sculpteur Frémiet: ". . .L'ouvrage de M. Frémiet représente l'intelligence humaine portant partout avec elle l'idée de la sagesse et le goût de la folie. Voilà bien l'immortelle antithèse philosophique, la contradiction essentiellement humaine sur laquelle pivote depuis le commencement des âges toute philosophie et toute littérature, depuis les règnes tumultueux d'Ormuz et d'Ahrimane jusqu'au révérend Maturin, depuis Manès jusqu'à Shakspeare! . . ."[33] C'est bien de la double postulation qu'il s'agit ici puisque Baudelaire oppose "l'idée" de la sagesse et "le goût" de la folie, un idéal inaccessible et ce qui est le partage de l'homme ordinaire.

La dualité ne se manifeste pas seulement dans la juxtaposition d'idées contradictoires, mais aussi dans leur incarnation dans des personnages antithétiques pour lesquels Baudelaire montre une grande prédilection, comme celui du prince, "cruel malade"[34]—le poète lui-même qui s'observe sans pitié, et celui de son bouffon—couple qu'on retrouve dans les poèmes en prose, "Une Mort héroïque," et "Le Fou et la Vénus"[35] où le prince devient la foule et où, comme le souligne Starobinski, le poète

---

[30] *"La double Vie" par Charles Asselineau*, p. 658.
[31] *De l'Essence du Rire*, p. 982.
[32] Ibid., p. 981.
[33] *Salon de 1859*, p. 1092.
[34] *Fleurs du Mal*, p. 70.
[35] *Spleen de Paris*, p. 269 et p. 236.

devenu narrateur éprouve devant le spectacle du fou la charité qu'il n'avait pas pour lui-même.[36]

C'est à la dualité encore, pour terminer par le plus important, qu'il faut attribuer la richesse de la poétique des *Fleurs du Mal* et du *Spleen de Paris*: la structure de tous les poèmes repose sur la tension ou même le choc entre des éléments antithétiques qui reflètent les contradictions de la nature de Baudelaire et de l'homme en général, ses aspirations diamétralement opposées, le contraste entre le "spleen" et l'"idéal," entre la triste réalité et l'idéal du bonheur, les exigences contradictoires de l'âme et des instincts, de spiritualité et de corporalité, de la pureté et de la souillure, de l'amour platonique et de la prostitution, c'est-à-dire tout l'éventail des contradictions psychiques traduites sur le mode moral puis esthétique (beauté et laideur, couleur et noirceur, etc.) ou métaphysique: Dieu et Satan. Fondées sur ces oppositions qui naissent de l'ambivalence de l'"ego bifrons," comme dit Mauron, on trouve des dérivations de type plus purement structural: une thématique de la rigidité et de la fluidité (le granit et le parfum), une thématique du regard qui préserve l'autonomie du moi et correspond à l'ambivalence de l'amour et du désir de liberté, une dialectique du lien et de la distance suggérée par des poèmes comme "la Chevelure" ou "Parfum exotique" où le contact avec la chevelure de la maîtresse fait s'envoler l'imagination au bout du monde; de l'opposition entre la réalité rêvée et la réalité vécue naît une thématique du temps et de son abolition, du présent dévalorisé par un passé idéalisé, une dialectique de la "claustration et de l'infini" dans les termes de Brombert, ou même une conception de l'art dans l'association de la volonté et de la fantaisie, celle-ci se promenant gracieusement comme un rameau fleuri autour d'un bâton, la volonté, pour constituer "le thyrse . . . représentation de votre étonnante dualité."[37]

Au sein des poèmes, la dualité constituée par les éléments de la structure se reflète dans la profusion d'images contradictoires ou antithétiques, d'images où le concret s'unit à l'abstrait, et enfin d'"oxymorons" ou images constituées de termes irréconciliables, tels que "sombre flamme," "fangeuse grandeur," "aimables remords," "caresse de serpent," etc.[38] Ceci est peut-être la quintessence de l'expérience poétique de Baudelaire, le reflet de toute la dualité et le point d'aboutissement où celle-ci tend enfin à se

---

[36] J. Starobinski, "Sur quelques répondants allégoriques du poète," *R.H.L.F.*, 1967, pp. 402-412.

[37] V. Brombert, "Claustration et infini chez Baudelaire," *Actes du Colloque de Nice* (25-27 mai 1967), Annales de la Fac. des Lettres et Sc. humaines de Nice, IV-V (Paris: Minard, 1968), pp. 49-59, et *Spleen de Paris*, p. 285.

[38] L.J. Austin, *L'Univers poétique de Baudelaire: Symbolisme et Symbolique* (Paris: Mercure de France, 1956), pp. 192-193, et A. Grava, "L'Intuition baudelairienne de la réalité bipolaire," *R.S.H.*, juillet-sept. 1967, pp. 397-415.

dissiper ou à s'affirmer inéluctablement. La critique se montre également contradictoire à ce sujet. Cellier écrit: ". . .L'expérience poétique substitue à la vision d'un univers polarisé, celle d'un univers où tout se correspond, exprimant ainsi, dans la coïncidence des contraires, la présence d'un élément mystérieux: le sacré."[39] Selon M.J.Lefèbve, au contraire, "ce qui éclate dans les oxymorons des *Fleurs du Mal* plus que la coïncidence des contraires, c'est leur irréductible opposition."[40] Poulet y voit enfin un signe du néo-platonisme de Baudelaire, mais en fait l'échec du "rêve d'unité initiale": "Baudelaire . . . a été hanté par la conscience de l'inefficacité de l'acte poétique qu'il commettait pourtant. . . . La prise de conscience de Baudelaire s'opère même dans l'échec . . . Des exemples comme ceux de l'oxymoron ne font que confirmer cette interprétation."[41]

Un tel débat sur la signification de l'oxymoron pourrait tout aussi bien s'appliquer à l'ensemble des *Fleurs du Mal*, livre tout entier conçu sur le principe des réalités irréconciliables, dans la structure de son ensemble jusqu'au contenu de presque chaque poème et au projet fondamental qui est "d'extraire la beauté du Mal".[42] Le poète, confondu que son livre ait été incompris et condamné, blâme ses lecteurs et ses juges pour "cette singulière indulgence qui n'incrimine que 13 morceaux sur 100," car, écrit-il pour son avocat, "le livre doit être jugé *dans son ensemble*, et alors il en ressort une terrible moralité."[43] La "morale positive et pratique" a aveuglé ses accusateurs et ne leur a pas laissé discerner "la morale des arts" à la lumière de laquelle le livre devrait être lu: "Je répète qu'un livre doit être jugé dans son ensemble. A un blasphème j'opposerai des élancements vers le Ciel, à une obscénité des fleurs platoniques." Et il rappelle sa conception de la poésie fondée sur la dualité: "Depuis le commencement de la poésie, tous les volumes de poésie sont ainsi faits. . . . Il était impossible de faire autrement dans un livre destiné à représenter l'AGITATION DE L'ESPRIT DANS LE MAL."[44] Car ce n'est ni le bien ni le mal que le poète a voulu chanter, mais par une méthode concertée, faire naître la poésie, le beau, comme une étincelle du choc de leur rencontre.

Dans son jugement sur le phénomène de l'"oxymoron" de Baudelaire, c'est certainement à juste titre que Poulet parle d'"échec,"—échec, non sur

---

[39] L. Cellier, "D'une rhétorique profonde: Baudelaire et l'oxymoron," *Cahiers Internationaux de Symbolisme*, VIII (1965), cité dans l'article suivant, cf. note 40.

[40] M.J. Lefèbve, "Discordances baudelairiennes et Déraison poétique," *Journées Baudelaire: Actes du Colloque* (Bruxelles, Académie Royale de Langue et de Littérature françaises, 1968), pp. 92-103, p. 94.

[41] Commentaires sur l'article ci-dessus, ibid., p. 99.

[42] *Projets de Préfaces des Fleurs du Mal*, p. 185.

[43] *Notes et Documents pour mon Avocat*, p. 180.

[44] Ibid., p. 181.

le plan de l'art, mais dans la mesure où la transcendance poétique de l'image n'est qu'une solution provisoire à la division de l'être, un tour de force qui est toujours à recommencer. En effet, le recours si souvent répété à ce procédé, autant que le retour obsédant du concept de dualité, indique qu'il ne s'agit pas simplement d'un procédé poétique et révèle une profonde incapacité de sortir du champ du dilemme. Même un poème comme "Le Balcon," qui comme tant d'autres poèmes, dits peut-être à tort "d'amour," semble approcher presque la réalisation d'un rêve de bonheur, mêle les temps—futur, passé, présent—si bien qu'on ne sait s'il s'agit d'un regret, d'un bonheur présent ou de l'espoir de doux souvenirs pour l'avenir. Il est ainsi marqué en son cœur même par la dichotomie entre présent et passé, rêve et réalité, ici et ailleurs, et se termine sur l'évocation de la profonde faille:

> Ces serments, ces parfums, ces baisers infinis,
> Renaîtront-ils d'un gouffre interdit à nos sondes,
> Comme montent au ciel les soleils rajeunis
> Après s'être lavés au fond des mers profondes?[45]

Le rêve de bonheur fait de poèmes comme "Le Balcon" ceux qui sont peut-être les plus tragiques précisément parce qu'ils évoquent "les minutes heureuses" tout en affirmant que celles-ci sont séparées du présent et de la réalité par le gouffre. A la question rhétorique que pose cette dernière strophe, "renaîtront-ils? . . . ," semblent répondre les vers du "Cygne":

> Je pense . . .
> A quiconque a perdu ce qui ne se retrouve
> Jamais, jamais! à ceux qui s'abreuvent de pleurs
> Et tettent la Douleur comme une bonne louve![46]

A cette question répond aussi, avant même qu'elle ne se pose, l'évocation de "La Vie antérieure" d'un bonheur déjà corrompu, dès avant la naissance du souvenir, par "le secret douloureux qui me faisait languir." L'échec du rêve du bonheur n'implique pas nécessairement la dualité de l'homme mais la coupure qui divise le réel de l'idéal rêvé. Aussi ce sont les poèmes où le mal entre en jeu qui évoquent le plus douloureusement cette coupure au cœur même de l'homme, le champ clos de la double postulation vers le bien ou vers le mal, vers Dieu ou vers Satan; c'est de la misère même de l'homme, de sa laideur et de ses vices, des exigences de l'organique qui semblent soufflées par Satan que naît l'aspiration vers l'idéal ou vers Dieu:

---

[45] *Fleurs du Mal*, p. 35.
[46] Ibid., p. 83.

> Quand chez les débauchés l'aube blanche et vermeille
> Entre en société de l'Idéal rongeur,
> Par l'opération d'un mystère vengeur
> Dans la brute assoupie un ange se réveille.[47]

C'est du conflit même de ces deux aspirations que semble naître l'ennui: quand l'homme n'a pas la force, la volonté de s'efforcer vers le bien ni la détermination de s'enfoncer dans le mal, épuisé par un conflit où ni l'un ni l'autre ne l'emporte, il laisse l'ennui immobilisant prendre sa place. L'ennui est cet état d'immobilité qui paralyse l'action et même la pensée, fige l'être en un "granit," mais laisse en même temps le champ libre à la mauvaise conscience et à la prolifération du remords, ce qui conduit à la limite au désir d'abolition de la conscience, dont jouissent "les plus vils animaux"—au "goût du néant" et à la nostalgie de la mort—abolition de la dualité et de la vie.[48] "Partagé entre le désir des 'trônes et des dominations' et le besoin de savourer les liqueurs lourdes du péché, tour à tour, et parfois simultanément, attiré et repoussé par les extrêmes—l'amour appelant la haine et s'en nourrissant—l'homme en proie à cette cruelle ambivalence affective finit par s'immobiliser au centre de lui-même, livré à une sorte d'horreur extatique," écrit Raymond; le mouvement pendulaire s'immobilise dans la mort provisoire de l'ennui. Raymond voit dans la présence des deux aspirations irréconciliables l'intuition de la véritable unité de l'homme; Baudelaire selon lui exploite "l'étroite relation du physique et du spirituel. . . . Ce sentiment profond des rapports longtemps insoupçonnés du plus haut et du plus bas, des exigences de l'inconscient et des aspirations supérieures, en un mot cette conscience de l'unité de la vie psychique, voilà bien une des plus importantes révélations de la poésie de Baudelaire."[49] Cette unité, Baudelaire en a eu plutôt le soupçon que la conscience, car s'ils sont simultanément présents dans ses poèmes, le physique et le spirituel sont vécus dans leur antagonisme et c'est seulement dans l'acte poétique, dans le drame ou l'image antithétiques, dans l'art qui est transcendance du conflit, que l'intuition de l'unité peut être appréhendée. C'est aussi ce que dit Mauron qui voit en Baudelaire un "Ego bifrons s'efforçant de concilier deux groupes d'exigences, celles de la réalité et celles des désirs profonds en une adaptation créatrice."[50]

L'obsession, la récurrence de la dualité est un aspect permanent de l'œuvre de Baudelaire, et la persistance immobilisante, emprisonnante du

[47] Ibid., p. 44.
[48] Ibid., p. 31 et p. 72.
[49] M. Raymond, *De Baudelaire au Surréalisme* (Paris: Corti, 1940), p. 18.
[50] C. Mauron, *Des Métaphores obsédantes au Mythe personnel: Introduction à la Psychocritique* (Paris: Corti, 1963), p. 31.

dilemme peut expliquer le manque d'évolution de sa pensée. Auerbach écrit à ce sujet: "He is authentic and his conceptions are large; his poetry is in the grand style. But even among those whose intentions were similar, he is an extreme case; he is distinguished even from Rimbaud by his inner stagnation, his lack of development."[51] Sartre visant l'homme au travers de son œuvre est encore plus sévère: "Peu d'existences plus stagnantes que la sienne. Pour lui, à vingt-cinq ans, les jeux sont faits. . . . Il ne lui reste plus qu'à se survivre." Sartre en prophète du projet et de la liberté refuse de prendre au sérieux la difficulté qu'a Baudelaire à seulement persévérer dans l'être et condamne sa vie comme son œuvre comme tentative de chosification de soi-même: "Bien avant qu'il atteigne la trentaine, ses opinions sont faites; il ne fera plus que les ruminer. On a le cœur serré quand on lit *Fusées* ou *Mon Cœur mis à nu*: rien de neuf dans ces notes rédigées vers la fin de sa vie, rien qu'il n'ait cent fois dit et mieux dit. Inversement, *La Fanfarlo*, œuvre de prime jeunesse, frappe de stupeur: tout est déjà là, les idées et la forme. Les critiques ont souvent noté la maîtrise de cet écrivain de vingt-trois ans. A partir de là il ne fait que se répéter." Et pire encore que simple stagnation, la vie de Baudelaire est désintégration: "Il se défait plutôt qu'il n'évolue," écrit encore Sartre, ". . . et la démence finale . . . apparaît moins comme un accident que comme l'aboutissement nécessaire de sa déchéance."[52] Dans la rigidité de son destin, Baudelaire est l'exemple par excellence de l'homme non-sartrien; aussi l'étude de Sartre éclaire-t-elle son idéologie autant qu'elle décrit Baudelaire lui-même. Ce "réquisitoire" sévère qui tire parti de la psychanalyse existentielle comme d'une arme, sans gaspiller sa sympathie, reste partiel et partial dans la mesure où il refuse de reconnaître dans l'art de Baudelaire une tentative de sa part pour se libérer d'une situation emprisonnante, tentative peut-être vouée à l'échec mais réelle.[53]

Si dualité et emprisonnement sont la formulation littéraire d'attitudes psychiques, on trouve aussi leurs équivalents dans le domaine social et historique: la dualité n'est pas seulement cette coupure interne qui partage l'homme, c'est aussi une coupure entre l'individu et la société, entre l'individu et le monde, fondée non sur un refus arbitraire mais sur le mépris, la défiance, l'incompréhension mutuels; le poète déteste le monde social qui l'entoure, et celui-ci, sans toujours le savoir, le lui rend bien.

---

[51] E. Auerbach, "The Aesthetic Dignity of the Fleurs du Mal," in *Baudelaire, A Collection of Critical Essays*, edited by H. Peyre (Englewood Cliffs, N.J.: Prentice-Hall, 1962), p. 154.

[52] J.-P. Sartre, *Baudelaire* (Paris: Gallimard, 1947), pp. 188-190.

[53] Dans *Les Mots*, Sartre revendique le droit de parler de Baudelaire comme il veut en raison de sa familiarité avec lui, de son admiration, et d'une certain ressemblance peut-être aussi avec lui. Baudelaire est pour Sartre comme un ami défunt qu'il s'octroie le droit de condamner sans pour autant cesser de l'aimer. Voir *Les Mots* (Paris: Gallimard, 1964), p. 54.

D'un autre côté, Baudelaire "prisonnier de lui-même" est aussi, inévitablement, prisonnier de son temps: si sa pensée, son art, son angoisse sont en avance sur son temps et anticipent ceux d'écrivains plus modernes, c'est de ce temps même que naissent des problèmes, des situations insolubles qu'il envisage d'un point de vue qui peut passer pour moderne.

Si Baudelaire est obsédé par le sentiment de la dualité, cette obsession n'est pourtant pas son apanage, mais une des caractéristiques de ses contemporains et de son époque—époque partagée par les deux grands courants contradictoires de la croissance de la révolution industrielle et des aspirations du romantisme, deux courants qui correspondent en même temps au rôle grandissant de la bourgeoisie et à la perte de prestige des arts. Giraud, dans son étude sur Stendhal, Balzac et Flaubert, montre à quel point le 19ème siècle fut marqué du sens de la dualité en mettant en lumière l'ambivalence de ses grands romanciers: ". . . Almost every nineteenth century writer confessed in some way or other with Gérard de Nerval: 'Je sens deux hommes en moi.' "[54] Il cite ces mots de Julien Sorel, avatar de Stendhal: "En vérité l'homme a deux êtres en lui."[55] Mais la dualité qui partage Stendhal est surtout ambivalence: c'est celle de l'artiste romantique condamné à vivre et à faire œuvre d'art dans un monde devenu bourgeois, alors qu'il a la nostalgie de l'époque napoléonienne et de son héroïsme et la nostalgie aussi du 18ème siècle, un siècle où l'artiste avait une place reconnue dans la société, déclassé peut-être et parasite de l'aristocratie mais imbu d'un sentiment de supériorité envers la bourgeoisie qu'il méprise et au sein de laquelle il lui répugnera de rentrer quand elle aura pris le premier rang au siècle suivant.[56] Selon Giraud, c'est cet écart entre la situation et les aspirations qui teinte d'ironie, chez Stendhal, le rapport du romancier et de ses héros et se projette dans la propre ambivalence de ceux-ci. Quant à Balzac qui n'a pas la possibilité d'écrire "for the happy few," mais qui est au contraire rongé "par le besoin de produire, écrasé par des fantaisies coûteuses, fatigué par un génie rapace et affamé de plaisir,"[57] ". . . he pursued what he himself called a 'sinuous' course between the Scylla of uncompromising, unrewarding artistic purity and the Charybdis of commercial venality."[58] On verra Baudelaire prêt à abandonner la cîme difficile de l'art et à se jeter dans le "Charybde de la vénalité," i.e., à écrire des romans et des drames pour se sauver financièrement, mais sans que ce projet utilitaire dépasse jamais l'imagi-

---

[54] R. Giraud, *The Unheroic Hero in the Novels of Stendhal, Balzac and Flaubert* (New York: Farrar, Strauss & Giroud, 1969), p. 47.
[55] Ibid., p. 53, et Stendhal, *Le Rouge et le Noir*, éd. H. Martineau (Paris: Garnier, 1939), p. 486.
[56] Voir Sartre, *Baudelaire*, pp. 158-159.
[57] H. de Balzac, *La Fille aux Yeux d'or*, éd. de la Pléiade (Paris: Gallimard, 1949), V, 264.
[58] Giraud, p. 125.

naire. Si Balzac consent à un compromis avec la société, il ne manque pas pourtant de projeter sur un bon nombre de ses héros un certain sens de l'aliénation: celle-ci se manifeste par exemple dans les entreprises des "Treize," dans les détours de la destinée de Rastignac et de Rubempré, dans les propos de la duchesse de Langeais. C'est aussi la société qu'il met en cause lorsqu'il montre ses jeunes héros dans leurs entreprises frivoles et leur vaine poursuite d'un rôle à jouer: "Aucun fait n'accuse si hautement l'ilotisme auquel la Restauration avait condamné la jeunesse. Les jeunes gens, qui ne savaient à quoi employer leurs forces . . . les dissipaient dans les plus étranges excès. . . . Travailleuse, cette belle jeunesse voulait le pouvoir et le plaisir; artiste, elle voulait des trésors; oisive, elle voulait animer ses passions; de toute manière elle voulait une place, et la politique ne lui en faisait nulle part. . . ."[59] Nerval lui-même qui devait pousser la dualité jusqu'à la division de l'être de la schizophrénie a commencé par se voir exilé dans son propre siècle. Il écrivait dans *Sylvie*:

> L'ambition n'était . . . pas de notre âge, et l'avide curée qui se faisait alors des positions et des honneurs nous éloignait des sphères d'activité possibles. Il ne nous restait pour asile que cette tour d'ivoire des poètes, où nous montions toujours plus haut pour nous isoler de la foule. A ces points élevés où nous guidaient nos maîtres, nous respirions enfin l'air pur des solitudes, nous buvions l'oubli dans la coupe d'or des légendes, nous étions ivres de poésie et d'amour. Amour, hélas! des formes vagues, des teintes roses et bleues des fantômes métaphysiques! Vue de près, la femme réelle révoltait notre ingénuité; il fallait qu'elle apparût reine ou déesse, et surtout n'en pas approcher.[60]

Ce n'est pas un simple refus de la société que Nerval expose ici mais tout un programme d'oubli de la réalité.

Parmi les grands romanciers du 19ème siècle, Flaubert est peut-être le plus marqué par l'ambivalence: bourgeois, il hait "le bourgeois," acceptant de vivre selon les normes de la bourgeoisie tout en faisant comme s'il n'en était pas. Avec ironie, il incarne un idéalisme qui frise l'irréel dans des personnages banals comme Emma et Frédéric, et cherche l'art pur au travers du réalisme le plus amer.

Parallèlement au divorce de l'artiste et de la société se développe un courant de la conscience littéraire, issu du 18ème siècle et dont Sade est l'étape la plus remarquable, où le mal dans l'homme devient un élément important de l'esthétique. Il ne s'agit plus seulement de reconnaître le mal comme inhérent à la nature de l'homme, comme l'ont toujours fait théologiens et moralistes, mais d'y voir son caractère essentiel, et non pas celui

---

[59] Balzac, *Illusions perdues*, éd. de la Pléiade, IV, 820-821.
[60] G. de Nerval, *Les Filles du Feu* (Paris: Garnier, 1958), p. 591.

qu'on projette de préférence sur les autres mais dont on reconnaît la toute-puissance en soi-même. Ce courant conflue avec la profonde insatisfaction du romantisme, avec le "mal du siècle" et l'élection du rêve comme aspiration à une réalité meilleure et comme évasion de la condition malheureuse de l'homme.[61] Si le mal est un tourment vécu essentiellement par ce qu'on appelle le "bas romantisme," il n'est pas étranger au grand courant du romantisme pourtant caractérisé par son optimisme: il est ressenti, mais aussi redistribué au monde. Ainsi, Balzac, par exemple, a connu la dualité de l'être et le mal inhérent à sa nature, mais, en romancier, il l'incarne dans ses personnages, en fait un élément de son esthétique et une composante nécessaire de l'œuvre d'art; le drame intérieur redevient objectif:

> Si l'on compare une société à un tableau, ne faut-il pas des ombres, des clairs-obscurs? que deviendrait-on le jour où il n'y aurait plus par le monde que des honnêtes gens . . . ? on s'ennuyerait à la mort; . . . En ce qui concerne la littérature, les services rendus par les voleurs sont . . . éminents . . . les gens de lettres leur doivent beaucoup, les voleurs sont entrés dans la contexture d'une multitude de romans. . . .[62]

Baudelaire se situe dans la tradition de ce romantisme, dans son aliénation sociale comme dans son esthétique qui incorpore la conscience du mal, mais dans un cas comme dans l'autre, il dépasse sous une forme beaucoup plus intense et personnelle ce qui constitue une tradition; en même temps qu'il souffre peut-être plus que d'autres de la division, de la dualité, il parvient à l'exploiter littérairement d'une façon plus convaincante sans qu'elle perde de son authenticité. D'autre part, on ne peut plus parler à son propos de dualité sociale bien tranchée, de simple ambivalence, mais d'un tissu de contradictions: fils de bourgeois, il a choisi la condition de poète qui fait de lui un déclassé et qui, à cause du caractère exigeant de son idéal artistique, le condamne à la pauvreté; mais c'est une condition qu'il n'accepte pas noblement et dont il souffre car elle le contraint à l'humiliation et à une vie insupportable; l'"horreur du domicile" qu'il transpose sur le niveau de la quête de l'idéal est aussi dans sa réalité concrète une fuite de taudis en taudis, et reflète en même temps la nostalgie paradoxale de la sécurité bourgeoise, de son ordre et de son confort. La nostalgie de l'ordre se glisse jusque dans la critique, à propos de Hugo, qui jouit d'une "existence bien règlée," ou de Gautier à l'"humeur tout à la fois simple, digne et moëlleuse" de bourgeois de la littérature. Vers la fin de sa vie, en dépit de son mépris pour les honneurs que peut conférer la société, Baudelaire posera sa candidature à l'Académie

---

[61] Voir M. Ruff, *L'Esprit du Mal, et l'Esthétique baudelairienne* (Paris: Colin, 1955), 1ère partie.
[62] Balzac, "Le Code des honnêtes Gens," *Oeuvres complètes*, éd. Conard, 1949), XL, 70.

française, "farce" tragique due moins au désir d'être honoré que de tenter de prouver à sa mère que ses entreprises littéraires n'ont pas été illusoires.

Bourgeois, Baudelaire haïssait "le bourgeois" autant que ses devanciers les "Jeunes-France" ou que Flaubert, mais d'une haine dont il avait hérité avant de la partager profondément; un de ses premiers écrits, le "Salon de 1846" commence par un appel "Aux bourgeois"; réagit-il contre une tradition? "Vous êtes la majorité,—nombre et intelligence;—donc vous êtes la force,—qui est la justice." Dans cet exorde où l'ironie se mêle au sérieux, il fait appel aux bourgeois non pas pour leur demander leur soutien mais pour les inviter à la "jouissance et à la volupté" par les arts et la poésie comme "payement" pour leurs contributions à la société; le ton de la dernière phrase a tout pour séduire—ou faire rager—l'âme bourgeoise: "Si vous récupérez la quantité de jouissances nécessaire pour rétablir l'équilibre de toutes les parties de votre être, vous serez heureux, repus et bienveillants, comme la société sera repue, heureuse et bienveillante, quand elle aura trouvé son équilibre général et absolu."[63] Mais l'espoir de voir le plaisir devenir fonction d'équilibre social est un voeu poétique peu propre à convaincre le bourgeois. Par la suite, à tout moment dans son œuvre, Baudelaire récusera la mise en suspens de 1846 de sa haine du bourgeois, pour la raison que celui-ci est précisément incapable de sentir ou d'avoir des aspirations spirituelles, son état d'équilibre et de satisfaction de soi étant incompatible avec le besoin de poésie; aussi, d'ami qu'il aurait pu être, il redevient l'ennemi: "Si un poète demandait à l'Etat le droit d'avoir quelques bourgeois dans son écurie, on serait fort étonné, tandis que si un bourgeois demandait du poète rôti, on le trouverait tout naturel."[64] Baudelaire hait le bourgeois non seulement pour son prosaïsme mais aussi au nom d'une aristocratie personnelle et imaginaire—son dandysme—et il l'englobe finalement dans sa haine générale pour son époque, avec sa morale étriquée, sa naïve croyance au progrès, et ce qu'il considère un idéal rétréci et qu'il universalise: "Indignation causée par la fatuité universelle, de toutes les classes, de tous les êtres, dans les deux sexes, dans tous les âges."[65] Si cette haine universalisée a sa source lointaine dans le mal que Baudelaire commence par trouver en lui avant de le projeter sur le monde entier, ne pourrait-on pas parler à ce propos de jansénisme pathologique, comme Sartre avait parlé de "platonisme pathologique" à propos de la timidité amoureuse de Baudelaire?

Le refus de Baudelaire de se commettre dans des convictions politiques peut s'expliquer par sa haine de son époque autant que par son incapacité de sortir de soi-même, du royaume de la dualité. Il a bien, comme on sait,

---

[63] Baudelaire, *Salon de 1846*, pp. 874-876.
[64] *Fusées*, p. 1257.
[65] *Mon Cœur mis à nu*, p. 1284.

"fait le coup de feu" avec ivresse en 1848, mais "de quelle nature était cette ivresse. . . ?" Le goût de l'humanité qu'il professe à cette époque dans son article sur Pierre Dupont reste sans effet concret, simple alliance de révolte et de littérature. Il laisse bientôt place à l'amertume et à l'horreur de la société, qui ont peu de contenu politique: "Le 2 Décembre m'a dépolitiqué." "Politique. —Je n'ai pas de convictions, comme l'entendent les gens de mon siècle, parce que je n'ai pas d'ambition. Il n'y a pas en moi de base pour une conviction."[66] Ni de souci pour l'humanité: "Que m'importe où vont ces consciences!" Obsédé par un sentiment d'ambivalence, il ne saurait faire un choix qu'il ne répudierait aussitôt, et son égocentrisme le porte finalement à condamner tout homme qui fait ce choix, parce que ce choix serait fondé sur l'ambition politique: "Les brigands seuls sont convaincus,—de quoi?—qu'il leur faut réussir—Aussi, ils réussissent."[67] L'horreur de l'humanité a donc peu à voir avec la situation politique du temps, elle n'est qu'amertume. Baudelaire, isolé de la société par une horreur indéfinie, ne s'est jamais considéré, comme le remarque Pia, comme une victime de l'empire dont un tribunal condamnait ses *Fleurs du Mal*.[68] Hugo lui écrivait: "Une des rares décorations que le régime actuel peut accorder, vous venez de la recevoir. Ce qu'il appelle sa justice vous a condamné au nom de ce qu'il appelle sa morale; c'est là une couronne de plus."[69] Mais Baudelaire ignorait la portée politique de sa condamnation pour n'en garder que le contenu moral et littéraire: "Je me trouve fort à l'aise sous ma *flétrissure*, et je *sais* que désormais, dans quelque genre de littérature que je me répande, je resterai un monstre et un loup-garou."[70]

L'aliénation de Baudelaire au sein de son époque s'accompagne d'un manque de sens de l'histoire; s'il la méprise ce n'est pas comme Stendhal par nostalgie d'un héroïsme disparu ou comme Maistre pour son lapsisme, mais par colère et dégoût devant l'incompréhension dont il est victime, et aussi par nostalgie d'un état de perfection sans historicité et dont le seul modèle est le paradis perdu de l'enfance qu'il est impossible de retrouver à moins d'abolir le temps dans l'imaginaire. D'autre part, son sens presque pathologique de la temporalité interdit à Baudelaire de concevoir un avenir possible—il nie la possibilité du progrès autant pour sa naïveté que parce qu'il se situe dans l'avenir—et l'égocentrisme uni à la hantise du suicide ne lui laisse anticiper qu'une catastrophe universelle:

---

[66] Ibid., p. 1275.
[67] Ibid.
[68] P. Pia, *Baudelaire par lui-même* (Paris: Seuil, 1963), p. 128.
[69] V. Hugo, in *Lettres à Baudelaire*, publiées par C. Pichois et V. Pichois (Neuchatel: La Baconnière, 1973), p. p. 186 [1857].
[70] Baudelaire, *Correspondance*, texte établi, présenté et annoté par C. Pichois avec la collaboration de J. Ziegler (Paris: Gallimard, 1973), I, 598 [1859].

"Le monde va finir . . ." Baudelaire prévoit "la ruine universelle. . . .
Ce sera par l'avilissement des cœurs . . ." et il voit devant lui un "orage"
qui fera coïncider sa propre fin avec celle du monde.[71] L'amour de
l'humanité s'est évaporé dans la colère et le dépit: "Je me fous du genre
humain et il ne s'en est pas aperçu!"[72] Avant l'ultime éventualité de la
catastrophe, il ne s'agit plus de choquer le bourgeois mais de se poser
contre le monde: ce qui reste dans le rapport avec la société est à la limite
un échange mutuel d'horreur pour horreur: "Quand j'aurai inspiré le
dégoût et l'horreur universels, j'aurai conquis la solitude."[73] L'énorme
exagération de cette phrase révèle le désespoir causé par le sentiment de
l'ambivalence de sa situation et qu'il compense peut-être par sa propre
revendication de l'extrême: souffrir dans la solitude est préférable à la
faveur douteuse ou à l'indifférence d'autrui. La fêlure de la dualité de
l'être est devenue une faille qui le sépare du monde.

Le sentiment permanent de la dualité de l'homme partagé entre deux
aspirations contradictoires, et la haine de la bourgeoisie poussée à l'extrême jusqu'à celle de toute son époque, sont pour Baudelaire deux
facteurs qui se compliquent mutuellement, et c'est la question du travail
de l'artiste—sa signification et son efficacité—qui constitue le noeud du
problème. Il faut replacer l'attitude de Baudelaire et l'antagonisme du
bourgeois et de l'artiste dans le contexte du 19ème siècle pour les comprendre: il s'agit d'une époque énergiquement matérialiste où le bourgeois a
été invité à consacrer ses forces et son intelligence à la poursuite du gain:
"Enrichissez-vous," lui a-t-on dit. Alors que le bourgeois obéit à cette
invitation, la réaction du véritable artiste est de tenter de libérer son art
des impératifs et des atteintes de son milieu, en refusant de se souiller
dans la mêlée pour l'argent et les positions et en s'adonnant autant qu'il est
possible à l'extrême inverse, à la poursuite de la poésie pure, qui pour
Baudelaire sera la "spiritualité." (Ce terme ne s'inscrit pas dans une
antinomie spiritualité-matérialisme, car il indique une qualité exceptionnelle de l'œuvre d'art propre à enlever l'âme, une transcendance esthétique; mais cette qualité suggère un souci diamétralement opposé au maté-
rialisme contemporain.)
Un mépris réciproque naît ainsi chez le bourgeois et l'artiste du
contraste de leurs but, mais un mépris mêlé d'envie, car s'ils sont tous les
deux imbus de la valeur de leurs principes, le bourgeois envie secrètement
le génie de l'artiste, tandis que celui-ci envie la sécurité matérielle du
bourgeois. Baudelaire écrit, à propos de Poe: "Il sera toujours difficile

---

[71] *Fusées*, pp. 1262-1263.
[72] *Correspondance*, II, 539 [1865].
[73] *Fusées*, p. 1258.

d'exercer, noblement et fructueusement à la fois, l'état d'homme de lettres, sans s'exposer à la diffamation, à la calomnie des impuissants, à l'envie des riches,—cette envie qui est leur châtiment!—aux vengeances de la médiocrité bourgeoise."[74] S'ils se méprisent ainsi mutuellement, ils partagent pourtant la même obligation, ou nécessité, celle du travail. Mais ils ont une conception totalement différente du travail et de ses buts. Le travail est une vertu essentiellement bourgeoise, en ce sens qu'il a une fonction sociale, qu'il permet d'accéder à la fortune et à la respectabilité; pour être efficace, il doit être régulier, journalier, et l'ennui qui naît infailliblement de sa régularité est une condition que le bourgeois accepte en vertu de ses avantages. Pour l'artiste, au contraire, qui a pour but la poursuite du beau, le travail n'a pas de fonction sociale et ses bénéfices devraient en principe le laisser froid. Cette activité devrait aussi procurer du plaisir et non de l'ennui. Ce détachement des considérations matérielles donne un caractère aristocratique au travail de l'artiste qui, ayant comme ressource l'inspiration, devrait idéalement se poursuivre au sein du loisir, condition la plus favorable à la création qui naîtrait de l'effet combiné du génie et de l'efficacité technique aiguisée au point de ne requérir aucun effort.

Mais ce que l'artiste appelle "loisir" est, aux yeux du bourgeois, gaspillage du temps qui devrait être consacré au travail utile et à la poursuite du gain et de la respectabilité, passe pour un vice et se voit qualifié du nom de "paresse," le vice bourgeois par excellence qui mène à la pauvreté, à la perte de l'état social et de la liberté; l'art qui en est le fruit se trouve donc dévalorisé.

Le véritable loisir n'est en fait qu'un idéal rarement réalisable. Pour avoir droit de cité dans le monde bourgeois qui lui est nécessaire économiquement et se trouver un public, l'artiste doit alors consentir à devenir bourgeois, c'est-à-dire renoncer au loisir et sacrifier ou ignorer la poursuite exclusive du beau pour donner à son œuvre un caractère d'utilité: faire de son œuvre un pur divertissement pour les soirées et les dimanches bourgeois, ou transformer l'art en leçon de morale. Beaucoup d'artistes au 19ème siècle ont réussi à s'intégrer au monde bourgeois ou à s'en faire accepter en contribuant aux plaisirs peu raffinés ou à l'édification de leur public, ou en combinant les deux. Ils réussissent même à faire fortune si leur succès encourage la demande, si leur capacité de travail y répond et s'ils ont accommodé leur conception du travail aux nécessités de production: ils travaillent comme leur public bourgeois régulièrement et inlassablement, mais leur activité devient industrie et l'art se voit envahi par la médiocrité.

---

[74] *Notes nouvelles sur Edgar Poe: Curiosités esthétiques et Art romantique*, éd. H. Lemaitre (Paris: Garnier, 1962), p. 628.

La situation de Baudelaire au milieu du 19ème siècle est un exemple remarquable des conséquences humaines et esthétiques de l'antagonisme des aspirations bourgeoises et artistes. Baudelaire se trouve à cet égard dans un conflit—conflit de valeurs multiplié par des complications psychologiques—qui se révèlera sans issue. Mi-bourgeois par sa naissance, son éducation et les valeurs inculquées par son milieu, et mi-aristocrate par choix, dans sa vocation, son idéal d'art, son orgueil naturel et sa confiance en la supériorité de son génie, et enfin par sa façon de procéder à la création artistique, Baudelaire se trouve plus que jamais déchiré par l'ambivalence. En poète aristocrate, il chérit le loisir mais c'est pour lui un idéal plutôt qu'une réalité. Il écrit: "Qu'est-ce que l'homme supérieur? Ce n'est pas le spécialiste. C'est l'homme de loisir et d'éducation générale. Etre riche et aimer le travail."[75] La richesse est un état idéal qui permet le loisir et n'exige pas le travail, mais si, dans cet état, l'artiste aime travailler et accomplit ce qu'il considère un devoir, c'est pour lui un double bonheur. Or Baudelaire, s'il a eu la certitude de sa supériorité, bien qu'il ait souvent douté d'en convaincre autrui, n'était pas riche et de son propre aveu n'aimait pas le travail. Le travail était pour lui une véritable souffrance due à sa difficulté créatrice accompagnée d'un souci paralysant de perfection—mainte fois dans ses lettres il se plaint amèrement de son manque de facilité, des peines immenses exigées par la création, de ses "accouchements" difficiles—souffrance due aussi aux efforts énormes nécessaires pour échapper à l'emprise du spleen, de la léthargie, de ce qu'il appelle sa terrible paresse. Il ne peut user du loisir de façon fructueuse. Conscient de la nécessité d'écrire mais souvent incapable de le faire, il condamne alors en bourgeois—comme le bourgeois condamne l'artiste—son penchant irrésistible à l'oisiveté, laquelle, d'état enviable chez l'homme de loisir (et nuisible seulement aux yeux du critique social), devient le "vice effroyable" de la paresse. Le bourgeois-artiste conçoit l'unique remède à ce qu'il appelle "maladie de la volonté" et il se promet sans cesse, à lui-même comme à sa mère, de se mettre immédiatement au travail régulier de chaque jour qui, peu à peu, pourrait aboutir au paiement des dettes et même à la fortune: "Un peu de travail, répété trois cent soixante-cinq fois, donne trois cent soixante-cinq fois un peu d'argent, c'est-à-dire une somme énorme. En même temps, *la gloire est faite*."[76]

Si Baudelaire avait réussi à s'astreindre à une telle ligne de conduite, il aurait pu devenir comme Flaubert un martyr de l'art, un travailleur infatigable dont les "souffrances du style" et les efforts exténuants donnent à l'art le caractère d'une éthique plutôt que d'un plaisir et peuvent réduire au silence la conscience du bourgeois.

[75] *Mon Cœur mis à nu*, p. 1283.
[76] *Fusées*, p. 1259.

Mais Baudelaire ne mettra jamais en pratique ce programme, car il a horreur du travail, cet effort difficile qui mène si lentement de la conception à l'expression et que le désir de perfection ralentit encore, alors que l'imagination abolit si aisément la distance. Ses lettres et ses œuvres posthumes contiennent une foule de projets non accomplis. Sans doute le contraste immense entre le vol de l'imagination et la réalité de la création explique-t-il en partie ce que Baudelaire appelle sa paresse, et son désespoir, ainsi que le peu d'étendue de son œuvre qui a contribué à son manque de succès autant que la matière de sa poésie si choquante aux yeux des contemporains.

S'il a finalement eu la gloire qu'il désirait tant, de son vivant il a passionnément désiré aussi la fortune. Il n'écrivait ni abondamment ni facilement alors que justement les besoins d'argent nécessités par ses goûts dispendieux et ses dettes auraient dû l'engager à une large production destinée à un vaste public. Il a alors fondé des espoirs sur le roman et le théâtre; mais pour assurer son succès il aurait dû infuser à son œuvre des éléments inacceptables à sa conscience d'artiste, avoir recours à ce qu'il appelait "hérésie"—la notion d'utilité, de morale et d'enseignement, ou la sentimentalité que goûte le public bourgeois. En 1847, il écrit à sa mère: "A partir du jour de l'an, je commence un nouveau métier,—c'est-à-dire la création d'œuvres d'imagination pure,—le Roman. Il est inutile que je vous démontre ici la gravité, la beauté, et le côté infini de cet art-là." Puis il continue de façon cavalière: "Comme nous sommes dans les questions matérielles, qu'il vous suffise de savoir que *bon ou mauvais, tout se vend*; il ne s'agit que d'assiduité."[77] Le même ton reparaît beaucoup plus tard dans sa vie: "Début d'un roman, commencer un sujet n'importe où et, pour avoir envie de le finir, débuter par de très belles phrases."[78] Mais sa conscience d'artiste se rebelle et lui interdit de s'abaisser à une industrie qui serait "prostitution" de son génie, même s'il en a plusieurs fois rêvé, en même temps que sa difficulté de travailler empêche ce rêve de jamais se réaliser. Ainsi paradoxalement sa paresse a contribué à la sauvegarde de sa pureté artistique. La fortune, en effet, est simple besoin matériel tandis que son vrai but est la gloire par la poursuite exclusive du beau, dans la postérité sinon dans cette vie. Dans une lettre insolente au Général ou à Mme Aupick, un an après la lettre citée au-dessus, il écrit: "Actuellement à vingt-huit ans moins quatre mois, avec une immense ambition poétique moi séparé à tout jamais du *monde honorable* par mes goûts et par mes principes, qu'importe si bâtissant mes rêves littéraires, j'accomplis de plus *un devoir*, ou ce que je crois un devoir au grand détriment des idées

---

[77] *Correspondance*, I, 145 [1847].
[78] *Fusées*, p. 1260.

vulgaires d'honneur, d'argent, de fortune?"[79] Le sentiment de révolte envers le Général Aupick, qui symbolise les impératifs de la société,
co-existe ou alterne avec la mauvaise conscience du devoir mal accompli—
remords bourgeois—dont Mme Aupick reçoit la confidence. On voit ainsi
combien Baudelaire est partagé entre sa conscience d'artiste et ses valeurs
bourgeoises, entre deux devoirs contradictoires, entre le rêve et la réalité,
et un tel conflit multiplié par la paresse et l'urgence des besoins d'argent le
conduira souvent à la panique, au désespoir et au bord du suicide.

Baudelaire qui voyait si clairement son salut dans le travail n'a jamais pu
pourtant échapper pour longtemps au cercle emprisonnant de la paresse.
Mais lorsque se tait le remords—le regret du temps perdu et des années
mal employées—aux yeux du poète-aristocrate, la paresse, vice noble du
dandy, reprend le nom de "loisir": "C'est par le loisir que j'ai, en partie,
grandi. A mon grand détriment; car le loisir, sans fortune, augmente les
dettes, les avanies résultant des dettes. Mais, à mon grand profit, relativement à la sensibilité, à la méditation, et à la faculté du dandysme et du
dilettantisme. Les autres hommes de lettres sont, pour la plupart, de vils
piocheurs très-ignorants."[80] C'est donc en "dandy" qu'il résoud le conflit
des valeurs, mais c'est une solution qui ne vaut que dans l'imaginaire.

[79] *Correspondance*, I, 154. Cette lettre était destinée au général Aupick selon les éditions
antérieures, et à Mme Aupick selon celle-ci, cf. ibid., p. 785, note 1.
[80] *Mon Cœur mis à nu*, p. 1291.

II

Introduction aux Lettres de Baudelaire à sa Mère
L'Emprisonnement comme Réalité et comme Thème poétique

La conscience de la dualité de l'homme dans l'œuvre de Baudelaire montre certainement une lucidité suraiguë à l'égard de la condition humaine, mais elle est si fréquemment affirmée, si permanente et si amèrement généralisée qu'elle doit être le reflet d'un conflit profondément vécu. L'attraction également puissante du bien et du mal, de Dieu et de Satan, la rupture infranchissable entre le réel et l'idéal ne sont pas, en effet, de simples objets de spéculation philosophique mais la source de véritables tourments qui, nés de la contradiction, peuvent mener, à l'extrême, à la paralysie et à la stagnation, au spleen qui dans le contexte de la création poétique devient l'incapacité de travailler, l'emprise de la paresse. C'est à l'examen des lettres de Baudelaire à sa mère et à la lumière de leurs thèmes et du jeu de leurs rapports mutuels que peut se voir le plus clairement la signification profondément personnelle de la dualité du travail et de la paresse et ses rapports avec les autres aspects de la dualité.

Mais avant d'entreprendre l'étude de ces lettres, il serait bon de combiner au concept baudelairien de dualité un autre concept qui permettrait de mieux comprendre leur place dans la perspective de l'œuvre entière. En effet si le sentiment de dualité est présent dans ces lettres, il est certain aussi que ces lettres constituent en face du reste de l'œuvre et avec elle une autre forme de dualité, c'est-à-dire *grosso modo* d'un côté la peinture de la toute-puissance du réel et de l'autre un effort de libération à son égard. Un concept plus moderne que celui de la dualité de Baudelaire mais qui s'apparente à lui par sa forme binaire est celui de "clôture" et d'"ouverture": il dénote ce qui dans un texte représente soit une perspective bouchée, soit au contraire une perspective de possibilités fructueuses. On peut l'utiliser dans l'étude d'un texte en ce qui concerne non seulement

31

son contenu émotif, moral ou humain, mais aussi la forme et le langage que ce contenu détermine ou qui mettent en lumière ce contenu. Si on l'applique à l'œuvre de Baudelaire, on voit qu'il enrichit le concept de dualité et le rend plus flexible, car il brise la bipolarité irrémédiable en isolant les deux termes contradictoires et permet ainsi de suggérer une issue possible. La "clôture" est ainsi la marque des moments où la pensée et la forme sont l'expression la plus prononcée de l'emprisonnement au sein de la réalité, tandis que l'"ouverture" représente ceux où la libération du réel permet dans une certaine mesure d'approcher de l'idéal rêvé. Si on distingue ces moments en donnant une moindre valeur à la dualité, celle-ci ne se trouve pas abolie mais disloquée et elle perd de son emprise. Au lieu de voir à l'œuvre un conflit toujours paralysant, on peut voir se jouer une sorte de dialectique dont la clôture et l'ouverture sont les deux termes extrêmes, mais dont le moyen terme est action plutôt que forme car il a pour fonction le travail. On pourrait poser comme objection à ce raisonnement que c'est précisément dans l'œuvre poétique et critique de Baudelaire que l'expression de la dualité est si généralement présente, c'est-à-dire dans des écrits où le travail de la forme conduit à l'ouverture selon l'hypothèse présentée; mais au niveau de l'œuvre d'art, justement grâce au travail, la dualité devient une réalité esthétique au lieu d'être simplement l'expression d'un conflit et sa nocivité psychologique paralysante se trouve exorcisée. Il s'agit donc de creuser cette réalité esthétique et de retracer le parcours de sa formation pour retrouver l'expérience vécue qui lui a donné naissance, c'est-à-dire la situation emprisonnante, la clôture, qui se trouve au départ. Ainsi Baudelaire écrit à propos de *La double Vie* d'Asselineau:

> Qui parmi nous n'est pas un *homo duplex*? Je veux parler de ceux dont l'esprit a été dès l'enfance *touched with pensiveness*; toujours double, action et intention, rêve et réalité; toujours l'un nuisant à l'autre, l'un usurpant la part de l'autre. Ceux-ci font de lointains voyages au coin d'un foyer dont ils méconnaissent la douceur; et ceux-là, ingrats envers les aventures dont la Providence leur fait don, caressent le rêve d'une vie casanière, enfermée dans un espace de quelques mètres. L'intention laissée en route, le rêve oublié dans une auberge, le projet barré par l'obstacle, le malheur et l'infirmité jaillissant du succès comme les plantes vénéneuses d'une terre grasse et négligée, le regret mêlé d'ironie, le regard jeté en arrière comme celui d'un vagabond qui se recueille un instant, l'incessant mécanisme de la vie terrestre, taquinant et déchirant à chaque minute l'étoffe de la vie idéale. . . .[1]

Il résume sa pensée en montrant dans ce livre "des échantillons du malheur humain mis en regard des bonheurs de la rêverie," et c'est l'homme lui-même tiraillé par des aspirations contradictoires qui parle

---

[1] *La double Vie, par Charles Asselineau,* p. 658.

par la voix du poète-critique et fait part de sa propre expérience. Mais il s'agit ici de l'expression d'une dualité surmontée par l'effort d'une mise en forme contraignante qui permet au conflit des aspirations de donner naissance à un poème en prose. L'ouverture prend la forme de l'apaisement qui résulte de la poétisation du réel. C'est une ouverture au ras de la réalité, si on peut dire, car il n'y a pas d'envolée poétique. Elle tient à ce que l'imagination de Baudelaire n'est pas de celles qui emportent dans un autre monde comme celle de Nerval, ou au-dessus du monde comme celle d'un poète comme Hugo, ou dans la projection de soi dans des êtres imaginaires comme chez Balzac, mais qui gardant contact avec la réalité la transfigure et la rend vivable sur le niveau de la poésie. Il arrive aussi que, grâce au travail poétique encore ou par l'entremise du travail d'autrui capable d'exciter sa propre imagination et sa faculté créatrice, le poète réussisse à ne plus souffrir de la réalité et à faire l'expérience d'un bonheur qui soit dans la vie au lieu de n'être qu'un rêve impossible: ce sont les moments où l'ouverture est la plus grande, où la dualité se fait le moins sentir, où le style allégé coïncide avec l'arrachement loin du réel. C'est le sentiment qui anime un poème comme "Elévation", un poème en prose comme "Le *Confiteor* de l'artiste," ou des passages des *Journaux intimes.* Mais ce sont là des poèmes où l'ouverture se trouve finalement brisée par le retour à la réalité, car il est de l'essence de Baudelaire de ne jamais perdre tout à fait de vue la dualité fondamentale. C'est souvent grâce à l'œuvre d'autrui que Baudelaire accède à une véritable ouverture, comme en font foi de multiples passages de son œuvre critique. Ce sont souvent des formes d'art différentes de la poésie qui sont pour lui les plus évocatrices d'ouverture, comme la peinture de Delacroix ou de Fromentin, ou la musique de Wagner: peinture et musique sont pour lui des données immédiates, l'accomplissement achevé d'efforts étrangers aux siens, une vision de la nature déjà transfigurée qui lui permet dans une certaine mesure de s'oublier en elle.

On peut donc concevoir clôture et ouverture comme deux termes extrêmes dans le contexte de l'œuvre de Baudelaire: si l'ouverture consiste en l'épanouissement le plus large de l'imagination poétique grâce au travail qui est moyen de libération de l'"horrible vie," le concept de clôture trouve sa réalité concrète dans l'emprisonnement au sein du réel et sa forme dans la simple expression de cet emprisonnement, sans le secours du travail poétique qui devrait servir d'issue. Dans cette double perspective on peut aborder les *Lettres à sa Mère* de Baudelaire.

Les lettres de Baudelaire à sa mère sont la part de son œuvre qui a été révélée le plus tard, leur publication n'ayant commencé qu'en 1917, cinquante ans après la mort du poète. Passant de main en main après la mort de Mme Aupick, elles furent confiées à Calmann-Lévy; le texte fut préparé et mis sur cartons mais d'une façon peu satisfaisante qui justifiait provisoirement leur non-publication: "Les lettres imprimées, Catulle Mendès déclara cette publication prématurée et contraire aux intérêts du poète."[2] Elles furent finalement publiées en plusieurs étapes de 1917 à 1966, les étapes principales étant l'édition de 1918, *Lettres inédites à sa Mère*; celle de 1926, *Dernières Lettres inédites à sa Mère*; le regroupement dans la *Correspondance générale* (1947-53); et enfin la publication de lettres récemment retrouvées de l'enfance du poète: *Lettres inédites aux siens* (1966).[3]

Ces lettres n'ont donc pas été arbitrairement extraites de la correspondance générale de Baudelaire par un compilateur désireux de souligner leur intérêt et leur unité, mais elles ont constitué très tôt une collection autonome destinée à une publication éventuelle, quoique retardée dans son essor. Elles ne sont pas complètes, les unes ayant été détruites par une héritière trop délicate, d'autres s'étant inévitablement perdues. Mais telles qu'elles sont, leur intérêt est extraordinaire et inappréciable pour la compréhension de l'homme et du poète que fut Baudelaire.

Leur publication a été reculée le plus longtemps possible car il s'agissait de protéger l'intégrité de l'image et de la réputation du poète contre une curiosité impie à l'égard de l'homme que fut Baudelaire et de sa condition tout humaine. La résistance qu'ont montrée les protecteurs de sa mémoire souligne d'avance le contraste entre les *Lettres à sa Mère* et le reste de l'œuvre en leur donnant l'importance d'un document capital qu'il fallait à tout prix cacher. Oserait-on dire que, comme la profonde tristesse révélée par la plainte amère qui échappe à la jeune femme apparemment si heureuse de "Confession", ces lettres soient restées cachées,

> Comme une enfant chétive, horrible, sombre, immonde,
> Dont sa famille rougirait,
> Et qu'elle aurait longtemps, pour la cacher au monde,
> Dans un caveau mise au secret.

Ce qui devait rester caché c'était la banalité tragique des tourments de Baudelaire, sa vie besogneuse, son attachement douloureux à sa mère, sa difficulté créatrice, toutes choses qu'un poète qui se voulait "dandy," fort et libre, aurait préféré n'avouer à personne. C'était en somme l'expression des souffrances d'un homme qui voulait passer pour insensible. Pourtant Baudelaire écrivait : "Ne méprisez la sensibilité de personne. La sensibilité de chacun, c'est son génie" (*Fusées*, XII). Toute expression de ce génie doit

---

[2] *Correspondance générale*, recueillie, classée et annotée par J. Crépet et C. Pichois (Paris: Conard, 1947-1953), VI, 125.

[3] Voir R. Kopp et C. Pichois, *Les Années Baudelaire* (Neuchâtel: La Baconnière, 1969), pp. 54-75.

donc être respectée, même si, n'ayant pas subi la sévère mise en forme baudelairienne, elle était destinée à rester secrète. Maintenant connues, ces lettres se définissent donc d'entrée de jeu dans le contraste avec le reste de l'œuvre.

Il n'est plus nécessaire de justifier l'existence de ces lettres que tout le monde connaît, mais il ne faut pas grossir leur importance aux dépens de l'œuvre du poète ni non plus la diminuer: disons qu'elles établissent un équilibre dans la perspective de l'œuvre entière. Selon le concept énoncé plus haut, on peut supposer que cet équilibre repose sur le contraste de clôture et ouverture, et que les *Lettres à sa Mère* marquent le point le plus fermé de la clôture. Dans leur contraste avec le reste de l'œuvre, elles manifestent le sentiment le plus écrasant d'emprisonnement au sein du réel et de paralysie des forces de libération; elles sont l'image de l'accumulation des tourments petits et grands de la vie qui font obstacle à l'accomplissement des rêves du poète. Elles dépeignent le terrain subjectif, à la fois psychologique et moral qui sert de matière brute à l'alchimie poétique et inspire le désir de révolte et de libération—le terrain aride de l'ennui où ont fleuri les *Fleurs du Mal*. Mais ces lettres ne sont qu'une expression partielle de la réalité, une image de Baudelaire tout particulièrement destinée à sa mère. Dans ces lettres, grâce au caractère ultra-confidentiel qu'il leur donne, il semble associer implicitement à la toute-puissance de l'image maternelle ce qui constitue dans sa vie les modalités de l'emprisonnement, rassemblant en un faisceau ce qui est éparpillé dans son œuvre sous forme de thèmes poétiques: découragement, ennui ou désespoir, colère et reproches, et aussi en contraste avec la poésie, affirmation passionnée et inlassablement répétée de son attachement et de son amour pour sa mère. Baudelaire n'a jamais exprimé ouvertement le désir de se libérer en adulte de cet attachement—un de ses rêves les plus chers était de passer avec sa mère sa vie entière. Aussi comme son œuvre publique est dans une certaine mesure une tentative de libération, par l'art, dans l'"ouverture" créée par le travail, on peut poser comme hypothèse que l'emprisonnement primordial est celui de son attachement à sa mère, dont les lettres sont l'expression.

Si on veut étudier ces lettres dans leurs rapports avec le reste de l'œuvre de Baudelaire, est-il légitime de les considérer comme un ensemble autonome, comme une œuvre en soi, ou faut-il n'y voir que des lettres décousues, sans lien interne, comme une simple source d'information? L'un et l'autre est vrai: ce sont des lettres décousues mais pourtant liées par les fils d'une structure profonde. Elles sont aussi, comme dit Crépet, la part de son œuvre où Baudelaire s'est le plus complètement révélé.[4] Comme elles

---

[4] *Lettres inédites à sa Mère*, introduction de J. Crépet, p. xi.

constituent une très grosse proportion de la correspondance générale, s'adressent à un interlocuteur unique dans un rapport qui n'a pas son pareil dans toute la littérature, et vont de l'enfance jusqu'à la mort du poète, tous ces facteurs d'unité autant que leur publication indépendante compensent la dispersion au travers des années pour reconstituer, sinon une œuvre, du moins un panneau important de la perspective baudelairienne.

Peut-on parler à leur propos d'une œuvre? Si ce qui constitue une œuvre se définit par une structure particulière, des thèmes et un style propres, une tonalité et un centre de référence indépendants, une unité, les lettres de Baudelaire à sa mère s'accordent avec cette définition: Baudelaire écrit à sa mère des lettres qui devront, le plus souvent, n'être lues par personne d'autre, on y voit une image de l'homme différente de ce que révèlent d'autres parties de son œuvre, une sensibilité souvent blessée; leur style extraordinaire appartient déjà à la littérature tout en restant libre encore de la contrainte de l'art: elles se caractérisent par l'absence de la concision chère au poète, et leurs thèmes—souvent proches de ceux de la poésie—développés sans restreinte, prennent le caractère de l'obsession au lieu de celui de la répétition poétique; la structure prend ainsi un aspect de "circularité" dans la mesure où les mêmes problèmes reviennent toujours sans être jamais résolus. Mais l'aspect le plus important de la structure est qu'elle s'organise selon deux lignes, les lignes d'action auxquelles obéit Baudelaire, ou ses deux soucis essentiels: c'est d'un côté, le souci de Baudelaire le fils de satisfaire sa mère et de la convaincre de son amour, et de l'autre, le souci de Baudelaire le poète d'accomplir sa destinée et son ambition poétiques. Ces deux projets, au lieu de se prêter concours mutuellement, entrent en conflit, car le premier appartient à la ligne définie par l'attachement et le deuxième au contraire relève du désir de libération; c'est ce conflit qui provoque souvent la difficulté créatrice—"paresse" ou "vice"—et conduit également à l'apologie du travail, de la volonté, comme "vertus" nécessaires à l'artiste. Le travail ainsi monté en épingle comme vertu semble, devant l'absence trop fréquente de succès littéraire, une solution possible au conflit et devient, par conséquent, le thème majeur des lettres de Baudelaire à sa mère. Les lettres de l'enfance et de l'adolescence de Baudelaire montrent à l'état d'ébauche ce thème si constamment repris dans celles de l'adulte; elles montrent comment, dans le contexte d'un autre emprisonnement, se forme l'étrange alliance de l'attachement et de la difficulté du travail.

Avant d'aller plus loin, on peut faire une remarque préliminaire mais essentielle visant, en deçà de la forme ou du contenu, la question même de l'existence des lettres de Baudelaire à sa mère: leurs dates extrêmes qui coïncident avec trente-cinq ans des quarante-six de la vie d'un homme, et leur nombre qui s'élève à plus de trois-cent cinquante, suggèrent d'emblée un rapport entre Baudelaire et sa mère qui, tout étroit qu'il soit, est singulièrement fondé sur l'absence. Cette absence est due à des facteurs souvent nécessaires, inévitables et tout à fait normaux, mais aussi dans l'enfance, intolérables et incompréhensibles. Elle n'est pas due seulement aux nécessités voyageuses de la carrière diplomatique du général Aupick qui font contraste avec la vie essentiellement sédentaire de Baudelaire, mais aussi les précède et leur succède: dès l'enfance, la mère de Baudelaire a en un certain sens rejeté son fils en acceptant qu'il soit mis en pension à Lyon, puis à Paris, alors que rien ne semblait l'exiger puisque les parents habitaient la même ville; et ce rejet de l'enfant par sa mère se trouve contrebalancé, après la mort du général Aupick, par son refus de vivre avec elle, d'abord en se rendant odieux à ses yeux puis par son incapacité de s'y décider, en dépit de son attachement pour elle. Même quand le rêve de vivre avec sa mère devient réalisable, Baudelaire trouve au milieu de sa culpabilité, de ses désirs, de sa nostalgie, des obstacles irréductibles pour l'accomplir. Peut-être trouve-t-il ainsi une revanche, mais le fait évident est que la correspondance avec elle continue, préservant un rapport avec elle dont la tension est fondée sur l'absence réciproque des interlocuteurs.

L'absence elle-même confirme peut-être un rapport mère-fils plus aisément fondé sur l'écriture que sur l'échange affectif ouvertement vécu entre deux êtres: un enfant mis à l'écart qui doit écrire pour se faire entendre, puis un homme qui a pris par choix ou par nécessité le masque d'insensibilité du dandy, doivent trouver dans des lettres une liberté à s'épancher plus aisée que dans la parole. Ainsi Baudelaire se désole souvent après coup, c'est-à-dire dans une lettre qui suit immédiatement une rencontre, d'avoir par sa maladresse ou ses exigences attristé ou fâché sa mère, et tente de l'effacer par des excuses, des explications, des justifications. Une absence irrémédiable permet en outre de pallier à des rencontres aussi décevantes et de crier du fond de la nostalgie tout l'amour du fils pour sa mère. Baudelaire écrit ainsi du lycée, à sa mère qui est doublement absente puisqu'elle a quitté Paris: "Ma bonne, bonne mère, tu ne m'écris plus. Je m'ennuie à mourir, je t'aime plus que jamais. . . . Il me semble qu'on s'aperçoit bien mieux du prix des personnes, lorsqu'elles sont absentes. Voilà le vide qui se fait, qui s'aggrandit. . . . Tu ne m'écris plus du tout. . . . Ma bonne mère, si tu savais combien je veux jouir de toi, et te rendre heureuse avant que tu ne meures!" Et plus tard: ". . . Je pense à toi . . . c'est peut-être un bonheur que nous ayons été séparés . . . j'ai appris plus que jamais à aimer maman parce que je sentais qu'elle était absente. . . ."[5] Ces pensées d'adolescent préfigurent les thèmes de l'idéal

---

[5] *Correspondance*, I, 57, 61 [1838].

inaccessible de la poésie de l'adulte, et de la dévalorisation du réel. Les rapports réels et vécus de Baudelaire et de sa mère restent un mystère, mais la correspondance fondée sur l'absence demeure comme seule expression de l'attachement et se pose, dans la nostalgie et la colère, en regard des brèves années d'intimité qu'il a eues avec sa mère quand il était petit enfant.

C'est en deux étapes reflétées dans deux étapes de la correspondance que se fait l'expérience de l'absence: il y a les lettres de l'enfance de Baudelaire—où se fait l'apprentissage d'une absence imposée quoique pas nécessaire, où l'attachement est connu dans la nostalgie—et les lettres de l'âge adulte qui représentent une tentative de récupération de l'intimité dont a été privé l'enfant, qui est vouée à l'échec parce que l'enfance est irrémédiablement perdue et que l'attachement toujours douloureusement présent devient, en tant qu'enchaînement au passé, un obstacle à la liberté et à l'épanouissement. Il faut donc commencer par considérer ce que fut l'absence dans l'enfance de Baudelaire.

La plupart des critiques, Sartre en particulier, expliquent l'"échec" de la vie de Baudelaire par la "fêlure" causée dans son enfance par le remariage de sa mère, quand il avait sept ans, avec le futur général Aupick. Laforgue, d'autre part, en psychanalyste freudien, le fait remonter au conflit œdipien aggravé par la mort du père. De quelque façon qu'on l'interprète, le résultat est la claustration: selon Sartre, l'enfant chassé se mure dans "sa différence" grâce à laquelle il se construit une identité;[6] selon Laforgue, cette claustration consiste en "la façon dont il s'est emprisonné, séparé du monde extérieur pour pouvoir refouler les impressions réveillant le souvenir d'une situation infantile liquidée par ce refoulement," ce qui lui permet de penser en substance: "Je m'enferme dans une prison où je suis seul, grâce à quoi je suis tout-puissant."[7] Pour Sartre et pour Laforgue, cet emprisonnement résulte d'un choix plus ou moins conscient de l'enfant puis de l'adulte. Il n'est pas question de chercher querelle à Sartre ni à Laforgue qui ont probablement raison dans leurs affirmations, chacun dans son domaine. Je me contenterai de remarquer que ni l'un ni l'autre ne signale ce qui est pourtant un élément capital de la vie de Baudelaire et peut être considéré comme une sorte d'apprentissage moral de l'emprisonnement, qui n'a été choisi ni consciemment ni inconsciemment mais imposé par la volonté d'autrui, dans des conditions qui étaient incomparablement favorables à la naissance des problèmes du travail: c'est la longue période de claustration concrète de huit ans d'internat au lycée, à Lyon et à Paris, qui a peut-être renforcé le sentiment

---

[6] Sartre, *Baudelaire*, pp. 20-23.

[7] Dr. R. Laforgue, *L'Echec de Baudelaire* (Paris: Denoël et Steele, 1931), p. 138.

primitif d'isolement et de différence mais a certainement été vécu dans la souffrance et la déréliction, s'il faut en croire l'amertume rétrospective de Baudelaire, et a probablement contribué largement à ses difficultés psychologiques ultérieures, en particulier celles du travail.

Puisque l'importance des années d'internat a été généralement ignorée dans les études baudelairiennes, sans doute parce qu'il est difficile de prendre conscience de leur influence malfaisante, non seulement dans le cas de Baudelaire mais dans celui de bien des enfants qui les ont subies, peut-être n'est-il pas inutile d'interrompre pour un moment l'étude des lettres afin de noter d'abord quelques considérations générales sur la signification du phénomène de l'internat, et en second lieu, de voir ce que Baudelaire s'est rappelé, dans l'âge adulte, de ses années d'enfance enfermée, avant de reprendre finalement les lettres, en commençant par celles où le petit Baudelaire faisait à ses parents des promesses de travail dans l'espoir qu'on vienne seulement le voir au fond de son isolement, pour finir par celles du poète adulte qui, prolongeant une difficulté à travailler née dans l'enfance, croyait encore, comme on le lui avait appris, qu'il déshonorait sa mère par son manque de succès et sa paresse.

J'interromprai donc ici, provisoirement, l'analyse des lettres de Baudelaire à sa mère afin de tenter d'illustrer ce qu'était l'internat, pour Baudelaire et pour les autres. Une telle interruption est inévitablement maladroite dans la mesure où elle brise le courant de l'analyse, mais j'espère en faire comprendre l'importance dans une description de l'évolution historique de l'internat et de ses caractères au temps où Baudelaire a eu à le vivre.

L'internat des lycées est une institution spécifiquement française et représente peut-être le côté le plus détestable du système éducatif français. Il remonte, mais seulement dans une mesure exiguë, presque jusqu'aux débuts de l'école en France. (Je me sers, en partie, pour parler de l'école et de l'internat, du livre de Philippe Ariès, *L'Enfant et la Vie familiale sous l'Ancien Régime* (Paris: Plon, 1960). Le livre d'Erving Goffman, *Asylums* (Anchor Books, 1961) définit l'internat, non sous une forme particulière à un pays, mais comme exemple de l'"institution totalitaire" ("total institution"), qui a pour aspects la répression, l'enrégimentation, la dépersonnalisation, les punitions et privilèges, l'isolement et finalement, la mortification. Goffman met l'internat dans la même catégorie que la prison, le couvent, l'asile de fous et le camp de concentration. Cette interprétation de l'internat jette un jour nouveau sur le lycée français, et, dans la mesure où il nous intéresse, sur les expériences enfantines de Baudelaire.)

Au dix-neuvième siècle, quand l'internat était à son apogée, il représentait une étape relativement nouvelle dans l'évolution moderne des concepts d'éducation. Jusque-là exceptionnelle, la claustration commence au dix-neuvième siècle à être considérée "comme une fin en soi," et "il importe—au moins à la bourgeoisie—d'enfermer l'enfance dans un monde à part, le monde de l'internat. L'école est le moyen de cette réclusion."[8] Un développement parallèle à l'élection de la claustration comme moyen d'éducation est l'évolution de l'école, d'ensemble organique et relativement démocratique à l'origine, en institution: on voit se transformer le rapport intime de l'élève avec ses maîtres en appartenance dépersonnalisée à une institution. Avec la laïcisation de l'école, un autre facteur d'unité disparaît: un idéal religieux commun donnait, en principe du moins, une sorte de cohésion qui dépassait le simple souci d'éducation laïque et mondaine, et permettait de mitiger l'isolement et la claustration. Dans ses *Souvenirs d'Enfance et de Jeunesse*, Renan parle du petit séminaire où une vocation religieuse enferme des petits garçons, et décrit l'effet destructeur de l'internat: il montre sa propre répulsion et sa nostalgie, il évoque aussi "les morts et les malades" parmi les élèves du séminaire, la mort de tristesse de l'un, les désirs de suicide d'un autre, et la défection de beaucoup à cause des rigueurs et de l'isolement de leur vie.[9] Mais Renan, en revanche, reconnaît une supériorité "aux établissements religieux sur ceux de l'Etat," qui vient de ce qu'on y est "par choix" plutôt que "par droit" (c'est-à-dire le droit à une éducation internée qui est accordé à tous les enfants, d'après le système éducatif, mais dont ils ne jouissent que parce qu'on le leur impose), et qui vient aussi de ce que la vocation, le régime libéral et la chaleur des rapports entre maîtres et élèves permettent d'éviter l'imposition d'un régime de coërcion et de discipline.[10] Ainsi, ce qu'Ariès appelle l'"unité de la pédagogie" permet encore selon Renan de mitiger la nocivité de l'internat.

L'internat laïc, au contraire, est né avec l'avènement du lycée napoléonien qui, loin de souscrire à des buts religieux ni même philanthropiques à l'égard des enfants, met l'accent sur une discipline stricte et quasi-militaire. Il appartient aussi à une époque qui voit grandir l'importance de la spécialisation, où les choix se définissent en fonction des moyens autant que des buts: on voit alors se constituer deux structures relativement autonomes au sein d'une même institution—autonomes dans le sens du manque d'unité organique et morale plutôt qu'administrative —c'est-à-dire, dans le lycée, le domaine de l'externat spécialisé dans

[8] P. Ariès, *L'Enfant et la Vie familiale sous l'ancien Régime* (Paris: Plon, 1960), pp. 208 et 316-317.
[9] E. Renan, *Souvenirs d'Enfance et de Jeunesse* (Paris: Calmann-Lévy, 1947), p. 102.
[10] Ibid., p. 109.

l'enseignement et qui est confié à des professeurs indifférents à ce qui se passe dans les coulisses et bien plus encore dans le cœur de leurs élèves—et le domaine de l'internat dont le rôle est de donner un cadre matériel *in loco parentis* en dehors des heures de classes mais qui ne pousse pas jusqu'au souci de compenser affectivement pour l'enfant l'absence de ses parents. Si l'internat a sa raison d'être dans le souci de formation de "l'homme idéal," comme le dit Ariès, dans la réalité il se limite bien plus à l'enrégimentation, à la mortification et à l'imposition d'une discipline plus souvent répressive que créatrice. L'internat est ainsi un milieu dépersonnalisé qui est le domaine d'administrateurs plutôt que de pédagogues, et à son échelon le plus bas, essentiellement celui que connaît l'élève, il est représenté par le "pion," le surveillant, le spécialiste de la discipline, qui est souvent un "paria de la civilisation" comme dit Lautréamont, un homme incapable d'autre chose que d'opprimer par son autorité car celle-ci est devenue sa raison d'être et son essence au lieu d'être simple délégation. En tant qu'il est vécu par l'élève, l'internat du lycée semble ainsi avoir pour rôle prédominant la préservation de la discipline et du respect de l'autorité, au nom de laquelle on est, soit puni, soit récompensé par une portion congrue de liberté qui devient un privilège alors qu'elle devrait être un droit. Tous ces facteurs d'isolement, nés de la dépersonnalisation et de la spécialisation de l'école comme institution, et combinés à une discipline répressive, rendent l'internat quelque chose d'aussi détestable que la prison pour bien des enfants qui s'y voient enfermés et son effet varie, selon chacun, de la résignation à la révolte. La signification de l'internat comme milieu favorable aux études reste une question discutable. En tout cas, peu de souvenirs heureux sont restés dans les annales de la littérature, sauf, comme dit Gracq, quand leurs auteurs se sont efforcés de "dorer après coup les barreaux de leur prison."

L'internat remplit bien une fonction nécessaire pour les enfants qui y sont contraints par la distance et peuvent en profiter autant qu'en souffrir. Mais beaucoup de familles, comme celle de Baudelaire, malgré la proximité d'un lycée, obéissent à la tendance nouvelle qui fait de la claustration un bien et préfèrent l'internat à l'externat pour imposer une discipline à leurs enfants sans se soucier du sentiment de déréliction qui peut en résulter pour eux—sentiment d'autant plus profond que l'enfant sait sa famille toute proche mais inaccessible et peut, à tort ou à raison, croire qu'il a été rejeté et incarcéré. L'internat pour Baudelaire était la norme plutôt que l'exception, et il partage le même sort que 80% des lycéens de son temps—selon les statistiques de Dupont-Ferrier citées par Ariès.[11] Celui-ci cite à ce propos les "lignes amères" de Taine: "Pour recevoir l'instruction secondaire, plus de la moitié de la jeunesse française

---

[11] Ariès, p. 314.

subit l'internat, écclésiastique ou laïque, l'internat sous une discipline de caserne ou de couvent."[12] Quelquefois indispensable, l'internat était souvent pourtant un choix des parents fondé sur la mode plutôt que sur la nécessité et, au pire, une façon de se débarrasser d'un enfant, dont la violence se trouvait rationalisée.

Il est difficile pour qui n'a pas été interne dans un lycée français d'imaginer la somme de frustrations et de souffrances que représentent des années de claustration imposée;[13] peu de témoignages demeurent car il est d'autant plus difficile de s'en plaindre qu'elles sont censées avoir été imposées pour son bien à l'enfant par la toute-puissance de parents pénétrés de leurs bonnes intentions, et qu'elles sont consacrées à la poursuite d'une formation nécessaire—comme on l'admet plus tard—à toute réussite, mais au prix de la négligence des besoins affectifs de l'enfant. Ce sont des années où le présent, l'enfance et ses satisfactions sont sacrifiés au service d'un avenir qui n'existe que dans l'esprit des adultes. Pour avoir une impression de ce qu'est l'internat pour un enfant, il faut alors se fier à des réminiscences d'adultes qui n'ont rien pardonné; on se souvient du début de *Louis Lambert* et du *Lys dans la Vallée* de Balzac où domine l'autobiographie. Pour Julien Gracq, l'exemple de Lautréamont est capital à cet égard, et on devine sous le critique un camarade de prison; dans son essai sur Lautréamont il dénonce, en effet, avec une violence gonflée par les souvenirs personnels l'internat comme "l'injure sans pardon faite à l'enfance" où il voit la cause de "cette volonté d'affranchissement sans limites," de ce "ressentiment d'adolescent" que respirent les Chants de Maldoror. "Son séjour forcé au collège a laissé une trace ineffaçable, et . . . ce qu'on peut bien appeler la tragédie de l'internat a été vécu par lui dans des conditions particulières d'acuité et d'angoisse." La famille de Lautréamont habitant l'Uruguay, tout contact était rompu avec elle pour l'enfant et il passait ses vacances au lycée. La situation de Baudelaire était différente: ses parents habitaient la même ville mais étaient absents pour lui; à plusieurs reprises il a passé des vacances en pension au lycée même;[14] les rapports avec la famille ne sont pas rompus, mais il se crée,

---

[12] Ibid., p. 315.

[13] Voir par exemple le contre-sens étonnant de Pleynet à propos des observations de Gracq et de Bachelard sur l'internat: il affirme que c'est en tant que "membres de l'enseignement" qu'ils soulignent le caractère traumatisant de l'internat, alors que c'est là justement le point de vue de l'enfant interne et plus généralement ignoré que reconnu. M. Pleynet, *Lautréamont par lui-même* (Paris: Seuil, 1967), p. 24. Mauron et Laforgue ne font pas allusion au problème, et, paradoxalement, Sartre souligne le caractère punitif de l'internat, mais dans *Les Mots* alors qu'il l'ignore à propos de Baudelaire.

[14] Le 6 [sept.] 1832, le petit Baudelaire écrit à son demi-frère: "Je suis en vacances, mais c'est comme si je n'y étais pas; on a eu la détestable idée de me mettre en pension comme le reste de l'année. . . ." *Correspondance*, I, p. 9.

surtout avec sa mère, un rapport douloureux et perpétuellement inter-
rompu où alternent le ressentiment et l'attachement, ou bien où ils coïncident dans l'ambivalence.

Gracq incrimine l'internat comme élément d'un système éducatif né
avec "l'avènement de la raison pure": "La conséquence en a été depuis
quatre siècles l'infliction purement artificielle à l'enfant—d'autant plus
violente que sa nature est plus fraîche et plus spontanée—d'un 'trauma-
tisme de l'éducation' qui ne le cède en rien en gravité à celui de la naissance
et se révèle dans ses conséquences infiniment plus déterminant." Et il
proteste au nom de tous les internes: "L'absurde de la vie qu'on nous
fabrique s'apprend et se ressent avec une vigueur que rien n'égalera par la
suite entre leurs murs, et c'est là, dans la révélation d'un divorce scanda-
leux entre les conditions de vie imposées et les exigences d'un esprit en
lequel rien encore n'a consenti à abdiquer ses pouvoirs exorbitants, que
s'acquiert le sentiment éperdu que 'la vraie vie est ailleurs.'" Gracq note
encore comment chez Lautréamont, Jarry, Rimbaud "s'exerce avant tout
à la manière de représailles un ressentiment destructeur contre les lieux
'maudits'. . . où s'est trouvée emprisonnée leur jeunesse. . . . Les murs
des collèges nourrissent par milliers de ces ressentiments brûlants et
mystérieux, inexpiables, qui peuvent marquer au fer rouge une vie entière." Enfin pour compléter l'image de l'internat, il cite ce passage repéré
par Bachelard dans les *Chants de Maldoror*:

> Quand un élève interne, dans un lycée, est gouverné pendant des années, qui
> sont des siècles, du matin jusqu'au soir et du soir jusqu'au lendemain, par un
> paria de la civilisation, qui a constamment les yeux sur lui, il sent les flots
> tumultueux d'une haine vivace monter, comme une épaisse fumée, à son
> cerveau qui lui paraît près d'éclater. Depuis le moment où on l'a jeté dans la
> prison jusqu'à celui, qui s'approche, où il en sortira, une fièvre intense lui
> jaunit la face, rapproche ses sourcils, et lui creuse les yeux. La nuit, il réfléchit,
> parce qu'il ne veut pas dormir. Le jour, sa pensée s'élance au-dessus des
> murailles de la demeure, de l'abrutissement, jusqu'au moment où il
> s'échappe, ou qu'on le rejette, comme un pestiféré, du cloître éternel.[15]

Ces remarques préalables insistent à dessein sur la signification générale de l'internat pour illustrer des conditions de vie imposées à Baudelaire dans son enfance et leurs effets possibles sur lui; rien ne prouve *a
priori*, en effet, que son cas ait été le même que celui de la plupart, mais il
serait étonnant que le contraire soit vrai pour l'enfant sensible qui est
devenu le poète si profondément blessé par la vie. Ainsi dès avant la
parution des lettres de l'enfance de Baudelaire, on pouvait se représenter
par empathie et imagination quel avait pu être pour un enfant le "trauma-

---

[15] Lautréamont, *Les Chants de Maldoror*, préface de J. Gracq (Paris: La Jeune Parque, 1947),
pp. 20-23.

tisme de l'internat." Les thèmes qui ont été notés dans leur généralité, on les verra, en effet, prendre chez lui un caractère profondément personnel, qu'il s'agisse de souvenirs ou d'échos directs, de parenté avec le sort d'autrui, ou du ressentiment féroce et ineffaçable contre le milieu scolaire, sa famille, les "lieux maudits," contre tout ce qui enserre comme une claustration, étouffe la liberté et fait naître l'esprit de révolte qui anime souvent sa poésie. On pourrait noter à ce propos, toute proportion gardée, le parallélisme entre Baudelaire et Lautréamont: ils ont en commun cette enfance internée où ils font la découverte du mal, ou tout au moins où celui-ci s'accuse dans la déréliction, et une poésie violente et blasphématoire "fondée sur la conscience et la dénonciation du mal."[16]

Baudelaire a peu écrit sur l'école et l'internat, mais le ressentiment est toujours prêt à faire surface pour colorer ses propos d'une haine vivace et ranimer ces griefs jamais étouffés. Ce sont les thèmes de la claustration, de l'isolement, de la solitude, de la mélancolie, de l'impuissance de l'enfant, de la révolte qui couve ou qui éclate, et ceux aussi que note Gracq de "l'absurde de la vie," du "sentiment que 'la vraie vie est ailleurs,'" du "ressentiment contre les lieux maudits," et finalement de l'"abrutissement" de l'interne dont parle Lautréamont, c'est-à-dire un état provoqué par l'impuissance dans l'emprisonnement qui mine espoir et énergie et n'est pas sans rapport avec la difficulté à travailler et le découragement devant l'effort, immédiats pour l'enfant, et qui se renouvellent chez le poète adulte chaque fois que renaît le sentiment d'emprisonnement.

On pourrait citer une foule d'exemples du ressentiment de l'homme qui refuse de pardonner ce qu'il a subi étant enfant. Il faut noter, cependant, que Baudelaire n'associe jamais ouvertement la difficulté à travailler dont il se plaindra si souvent avec les conditions pénibles de son éducation. Il les tient séparées, attribuant sa difficulté à son "vice" la paresse, mais se montre plein d'énergie pour verser le fiel du ressentiment. Citons donc d'abord quelques exemples de ce ressentiment. En 1861, dans une crise de dépression, il est tenté par le suicide et écrit à sa mère pour justifier ce désir: ". . . Si je n'en ai pas strictement le droit, je crois que la quantité de douleurs que je subis depuis *près de trente ans* me rendrait excusable." Il fait coïncider le commencement de ses "douleurs" avec son entrée à l'internat. Puis il poursuit ce thème: ". . . Tu sais quelle atroce éducation ton mari a voulu me faire; j'ai quarante ans et je ne pense pas aux collèges sans douleur, non plus qu'à la crainte que mon beau-père m'inspirait. . . ."[17] Une note "bio-bibliographique" évoque quelques "douleurs" de ces années d'enfance: "Après 1830, le collège de Lyon,

---

[16] Ruff, *L'Esprit du Mal, et l'Esthétique baudelairienne*, p. 375.
[17] *Correspondance*, II, 151, 153 [1861].

coups, batailles avec les professeurs et les camarades, lourdes mélancolies. . . ."[18] Il s'agit là indubitablement de l'internat. Dans un passage de
Mon Cœur mis à nu, Baudelaire écrit: "Sentiment de *solitude*, dès mon
enfance. Malgré la famille, et au milieu des camarades, surtout,—sentiment de destinée éternellement solitaire. Cependant goût
très-vif de la vie et du plaisir."[19] Rapprochons de ce passage un autre:
"Tout enfant, j'ai senti dans mon cœur deux sentiments contradictoires:
l'horreur de la vie et l'extase de la vie. C'est bien le fait d'un paresseux
nerveux."[20] La solitude correspond à l'horreur de la vie, l'extase de la vie à
la famille sans doute mais dans la mesure où elle fait contraste à autre
chose: pour qui, en effet, la famille est-elle source d'extase sinon pour
l'enfant qui en est privé? En termes d'internat—c'est-à-dire un mode sur
lequel Baudelaire a beaucoup vécu son enfance—le sentiment de solitude
peut s'expliquer par le va-et-vient émotif et concret entre l'internat et les
moments d'intimité et de liberté au sein de la famille; ces bons moments
sont trop courts et trop rares pour qu'il se réhabitue automatiquement à
une intimité perdue et constamment reperdue, et il n'a pas le temps de
voir son ressentiment s'évanouir dans le "plaisir" de la famille avant que le
ressentiment ait de bonnes raisons pour resurgir de plus belle, car il est
bientôt de retour dans sa prison, au sein de laquelle "les camarades" ne
peuvent en aucune manière compenser la perte dont il souffre.

On verra d'après ses lettres d'enfance, que le petit Baudelaire "sortait"
rarement car trop souvent puni, et d'un autre côté témoignait à sa mère
une tendresse débordante dans la nostalgie du bonheur perdu: on voit
ainsi déjà la dualité s'enraciner dans la vie avant de se transfigurer dans la
poésie. "Extase de la vie" et "horreur de la vie" sont l'amplification extrême de cette dualité dont les termes restent solidaires: quand l'écart est
extrême entre les deux sentiments de bonheur et de solitude vécus dans
l'immédiat, le souvenir de l'un vient s'immiscer à l'autre pour le vivifier au
lieu de le dissoudre. Dante écrivait: *Nessun maggior dolore che ricordarsi del
tempo felice nella miseria*; pour l'enfant il n'y a pas de plus grand bonheur
que de jouir de ce dont il a été longtemps privé. Dans l'imagination de
Baudelaire adulte, le souvenir devient vision du monde: les deux extrêmes s'amplifient mutuellement jusqu'à faire éclater le réel, prendre les
dimensions de deux infinis et entrer légitimement dans le domaine de la
poésie.

Si la poésie permet de transcender les données du souvenir, le ressentiment dû à l'internat persiste ailleurs; une lettre à Poulet-Malassis, éditeur
et ami de Baudelaire, montre la rancune qui s'éveille à propos de politi-

---

[18] *Oeuvres Complètes*, p. 1312.
[19] *Mon Cœur mis à nu*, p. 1275.
[20] Ibid., p. 1296.

que: Baudelaire, mentionne le retour "au Ministère de l'*Intérieur*" du "département des affaires littéraires qui avait été confondu avec l'*Instruction publique*," et déplore "cette promiscuité avec les professeurs." ". . . Je hais," dit-il, "ce *milieu* pédant et hypocrite qui m'a mis au pain sec et au cachot."[21]

Le ressentiment n'apparaît pas que dans les souvenirs ou la correspondance mais aussi dans la critique littéraire ou esthétique. Dans la *Morale du Joujou*, à propos de l'enfance privée de jouets, il se souvient de ses propres parents, mais sa haine s'adresse à tous ceux qui l'ont privé de joie: "Quand je pense à une certaine classe de personnes ultra-raisonnables et anti-poétiques par qui j'ai tant souffert, je sens la haine pincer et agiter mes nerfs."[22] Ce passage ne concerne pas l'internat ni le travail, mais il montre l'incompréhension des adultes à l'égard de l'enfant et de ses besoins, leur sévérité ou leur indifférence envers ce qui est important pour lui—le joujou, qui n'a rien de "raisonnable" mais qui est pourtant pour l'enfant l'objet extrêmement sérieux d'une poursuite "métaphysique," celle d'une âme qu'il cherche au prix de la destruction de ce joujou. Cette activité poétique est une forme de la liberté de l'enfant que les parents détruisent en lui refusant des joujoux au nom de ce qui est raisonnable à leurs yeux. Or cette privation due à l'esprit de raison est bien celle que signifie, de façon plus large, l'internat, et une vaste haine renaît à partir de ce point infime.

De façon plus indirecte mais aussi violente, les écrits de Baudelaire sur la peinture reflètent la même rancune: c'est certainement au "ressentiment contre les lieux maudits" qu'on peut attribuer son exaspération contre tout ce qui vient de Lyon; l'école lyonnaise, dans son ensemble et sans doute pour ses racines géographiques, est pour Baudelaire la quintessence du mesquin, du contourné, du petit. On pourrait dire qu'il considère la ville de Lyon comme la source même d'une "claustration" de l'imagination et de son confinement dans l'"infiniment petit." Chacun de ses *Salons* est l'occasion d'une diatribe, et à la différence des autres, tout artiste de cette ville est présenté comme préalablement taré par son origine. Il parle de "Saint-Jean qui est de l'école de Lyon, le bagne de la peinture,—l'endroit du monde connu où l'on travaille le mieux les infiniment petits": "M. Saint-Jean, qui fait, dit-on, les délices et la gloire de la ville de Lyon, n'obtiendra jamais qu'un médiocre succès dans un pays de peintres. Cette minutie excessive est d'une pédanterie insupportable.—Toutes les fois qu'on vous parlera de la naïveté d'un peintre de Lyon, n'y croyez pas. . . ."[23] De Janmot il écrit: "On devine trop, en

---

[21] *Correspondance*, I, 189 [1852].
[22] *La Morale du Joujou*, p. 529.
[23] *Salon de 1845*, p. 855, et *Salon de 1846*, p. 942.

regardant ce tableau cru et luisant, que M. Janmot est de Lyon. En effet, c'est bien là la peinture qui convient à cette ville de comptoirs, ville bigote et méticuleuse, où tout, jusqu'à la religion, doit avoir la netteté calligraphique d'un registre."[24] Baudelaire montre à l'égard de cette école de peinture beaucoup d'ambivalence: ". . . Lyon est une ville philosophique. Il y a une philosophie lyonnaise, une école de poésie lyonnaise, une école de peinture lyonnaise, et enfin une école de peinture philosophique lyonnaise." Cette phrase ne montre pas de préjugé, mais suggère une pensée lyonnaise enroulée sur elle-même et un art asservi à la géographie. Il ajoute: "Ville singulière, bigote et marchande, catholique et protestante, pleine de brumes et de charbons, les idées s'y débrouillent difficilement. Tout ce qui vient de Lyon est minutieux, lentement élaboré et craintif. . . . On dirait que les cerveaux y sont enchifrenés."[25]

Il est certain que Baudelaire avait des raisons esthétiques valables pour ne pas aimer l'école de Lyon, cet aggrégat de minuties, mais son insistance sur la provenance de peintres est unique dans sa critique; il a éreinté des foules de peintres, mais sans préjugé géographique—il a parlé du Nord ou du Midi en termes de couleur ou d'inspiration, et on ne peut savoir, à sa lecture, d'où venait Delacroix ou tout autre qui avait sa faveur. Il est donc légitime de considérer ce fanatisme anti-lyonnais comme l'écho d'un ressentiment ineffaçable qui va jusqu'à infecter la critique.

Un souvenir de son ami Cladel corrobore cette horreur de ce qui lui rappelle de mauvais souvenirs d'enfance: ". . . Les tutoiements incongrus des fâcheux jadis coudoyés sur les bancs du collège et retrouvés par hasard en plein Paris le jetaient en des transports de fureur," écrit-il dans "Chez feu mon maître."[26]

La critique littéraire, finalement, permet aussi l'expression de son ressentiment, dans les articles sur Edgar Allan Poe et sur Pierre Dupont; dans les deux, Baudelaire découvre des camarades de claustration. Poe fut pensionnaire de huit à douze ans, à l'école de Stoke-Newington en Angleterre, et c'est son alter-ego, le personnage fictif de "William Wilson" qui réveille derechef les souvenirs de Baudelaire, dans son article de 1852, "Edgar Allan Poe, sa vie et ses ouvrages." Baudelaire traduit le début de la nouvelle de Poe, avec l'école, ses murailles et ses maîtres, puis dans le commentaire qui suit revit sa propre enfance enfermée, mais pour admirer soudain chez Poe une solution nouvelle à la déréliction: si Baudelaire enfant était malheureux, W. Wilson ne l'était pas: "Que dites-vous de ce morceau?" écrit-il. "Le caractère de ce singulier homme ne se révèle-t-il déjà un peu? Pour moi, je sens s'exhaler de ce tableau de collège un

---

[24] *Salon de 1846*, p. 919.
[25] *L'Art philosophique*, p. 1102.
[26] E.-J. Crépet, *Baudelaire* (Paris: Messein, 1906), p. 238; et *Les Martyrs ridicules*, p. 753.

parfum noir. J'y sens circuler le frisson des sombres années de la claustration. Les heures de cachot, le malaise de l'enfance chétive et abandonnée,
la terreur du maître, notre ennemi, la haine des camarades tyranniques, la
solitude du cœur, toutes ces tortures du jeune âge, Edgar Poe ne les a pas
éprouvées. Tant de sujets de mélancolie ne l'ont pas vaincu." On décèle à
peine le demi-tour dans la phrase, et la suite montre un enfant tel que
Baudelaire aurait voulu être: "Jeune, il aime la solitude, ou plutôt il ne se
sent pas seul; il aime ses passions. *Le cerveau fécond de l'enfance* rend tout
agréable, illumine tout. On voit déjà que l'exercice de la volonté et l'orgueil solitaire joueront un grand rôle dans sa vie. Eh quoi! ne dirait-on pas
qu'il aime un peu la douleur, qu'il pressent la future compagne insépara-
ble de sa vie, et qu'il l'appelle avec une âpreté lubrique, comme un jeûne
gladiateur? Le pauvre enfant n'a ni père ni mère, mais il est heureux; il se
glorifie d'être marqué profondément *comme une médaille Carthaginoise.*"[27]
Les critiques n'ont pas ignoré ce passage; Porché se contente de souligner
la ressemblance entre les enfances de Poe et de Baudelaire.[28] Prévost met
plutôt l'accent sur le manque d'objectivité de Baudelaire: "Dans son désir
de s'identifier avec Poe, il arrive que Baudelaire force les nuances."[29] Et
pour Cellier, ". . . le cas de Poe s'ajuste mal à l'idée reçue et contredit
notre attente. On voudrait que le poète maudit ait été un enfant martyr."[30] Pourtant c'est Baudelaire lui-même qui suggère à Prévost, dans la
rupture même de sa phrase, que les deux enfances ont été vécues de façon
différente et on pourrait alléguer que l'internat, à l'âge de huit ans, peut
toucher au martyre pour un enfant. Le texte de "William Wilson" explique l'admiration de Baudelaire, ou peut-être plutôt son envie, car il
montre que l'enfant réagit contre les effets de la claustration et de la
solitude par la création imaginaire d'un autre soi-même, d'un "doppelgän-
ger" sur qui se projette la révolte que l'enfant réel n'ose pas montrer. Si "le
cerveau fécond de l'enfance" permet d'éviter le martyre, c'est au prix
d'une fuite dans le rêve, d'une solution qui frise la folie, et "l'exercice de la
volonté" qu'admire Baudelaire semble étrangement incompatible avec
l'irruption spontanée et incompréhensible d'un double. Baudelaire attribue à l'enfant Poe comme moyen de défense une des qualités qu'il prise le
plus chez le poète adulte, la volonté, cette vertu polyvalente qui lui a
souvent fait défaut à lui-même.

---

[27] Baudelaire, *Critique littéraire et musicale*, texte établi et présenté par C. Pichois (Paris: éd. de Cluny, 1961), p. 132.
[28] F. Porché, *Baudelaire, Histoire d'une Ame* (Paris: Flammarion, 1945), p. 217.
[29] J. Prévost, *Baudelaire: Essai sur l'Inspiration et la Création poétiques* (Paris: Mercure de France, 1953), p. 97.
[30] L. Cellier, "Baudelaire et l'enfance," *Actes du Colloque de Nice* (25-27 mai 1967), Annales de la Faculté des Lettres et Sciences humaines de Nice, IV-V (Paris: Minard, 1968), 67-77, 75.

Dans le premier article de Baudelaire sur Pierre Dupont on retrouve le ressentiment contre la claustration; il la considère cette fois dans la façon dont elle nourrit le désir de révolte qui fait explosion dans la poésie. Il ne s'agit là, pas plus qu'ailleurs, d'une digression gratuite sur un thème récurrent mais de la découverte de ce qui donne naissance à l'élan poétique dans une expérience commune. On a trouvé paradoxale l'admiration de Baudelaire pour Pierre Dupont—auteur de poèmes et de chansons d'inspiration populaire et démocratique—car elle contredit sa propre esthétique et sa pensée sociale influencée par Maistre. Mais il est évident que pour Baudelaire, toujours divisé par des pensées contradictoires, l'horreur de la démocratie n'exclut pas "l'amour de l'humanité": l'idéologie ressortit de la pensée, mais si Maistre "a appris à penser" à Baudelaire, il ne lui a pas dicté ses instincts, et c'est justement un instinct de "sympathie" pour les déshérités—plutôt qu'une idéologie—qu'excite chez Baudelaire la poésie de Pierre Dupont, qui ne condamne pas seulement un mal social, l'oppression et la prison de la pauvreté, mais célèbre la révolte contre lui. Baudelaire ne montre pas une simple appréciation de critique pour Pierre Dupont mais une participation dynamique au souffle révolutionnaire qui anime ses chansons: celles-ci commencent par briser les chaînes esthétiques du dilettantisme de "l'art pour l'art" et du romantisme maladif pour exhaler la passion, le "goût infini de la république" et "la joie" qui rend inconcevable le sentiment de "l'irréparable"; elles éveillent une sympathie profonde pour le peuple des déshérités et leurs aspirations: "Il est impossible, à quelque parti qu'on appartienne, de quelques préjugés qu'on ait été nourri, de ne pas être touché du spectacle de cette multitude maladive respirant la poussière des ateliers . . . dormant dans la vermine . . . de cette multitude soupirante et languissante à qui *la terre doit ses merveilles*; qui sent *un sang vermeil et impétueux couler dans ses veines.* . . ."[31] Les chansons de Dupont qui ont pour thèmes les joies et les douleurs de cette multitude résonnent pour Baudelaire comme une "Marseillaise du travail." Ce sont aussi des chansons qui se sont imposées de façon révolutionnaire: "Ce sera l'éternel honneur de Pierre Dupont d'avoir le premier enfoncé la porte. La hache à la main, il a coupé les chaînes du pont-levis de la forteresse; maintenant la poésie populaire peut passer."[32] C'est dans ce contexte révolutionnaire que Baudelaire associe les thèmes de la claustration, de la révolte et de la poésie et qu'il est entraîné à révéler les racines profondes d'une sympathie qui n'est qu'en apparence paradoxale: la multitude écrasée par sa pauvreté qui aspire à sa libération s'apparente au Pierre Dupont qui brise ses chaînes dans une

---

[31] *Pierre Dupont*, p. 610.
[32] Ibid., p. 613.

explosion poétique, et dans la mesure où ces chaînes sont celles imposées à l'enfance, elles évoquent celles que Baudelaire a voulu briser. Dans son deuxième article sur Pierre Dupont, de 1861, Baudelaire s'est contenté d'écrire: "Tout d'un coup, il fut frappé d'une illumination. Il se souvint de ses émotions d'enfance. . . ."[33] Ce filon se perd vite dans l'association de la "poésie latente de l'enfance" avec la chanson des métiers; mais dans le premier article il est exploité avec ardeur; Baudelaire évoque l'enfance orpheline de Dupont, son éducation au séminaire, son apprentissage de "canut" (thème lyonnais), le travail dans une banque, ce "grand étouffoir," et "la régularité cruelle, implacable d'une maison de commerce" et c'est alors que se montre la parenté des deux poètes et que Baudelaire se retrouve en Pierre Dupont: ". . . Toutes ces choses sont bien faites pour achever la création d'un poète," écrit-il; et il est fascinant de voir comment un poète moderne peut être conscient des circonstances qui ont contribué à sa carrière dans le parallèle avec autrui: "Il est bon que chacun de nous, une fois dans sa vie, ait éprouvé la pression d'une odieuse tyrannie; il apprend à la haïr. Combien de philosophes a engendrés le séminaire! Combien de natures révoltées ont pris vie auprès d'un cruel et ponctuel militaire de l'Empire! Fécondante discipline, combien nous te devons de chants de liberté! La pauvre et généreuse nature, un beau matin, fait son explosion, le charme satanique est rompu, et il n'en reste que ce qu'il faut, un souvenir de douleur, un levain pour la pâte." Pierre Dupont, comme Baudelaire, "commença sa vie, pour ainsi dire publique, par se racheter de l'esclavage par la poésie."[34] Baudelaire ajoute plus loin, associant poésie et rejet de la réalité: "C'est une grande destinée que celle de la poésie! Joyeuse ou lamentable, elle porte toujours en soi le divin caractère utopique. Elle contredit sans cesse le fait, à peine de ne plus être. Dans le cachot, elle se fait révolte; à la fenêtre de l'hôpital, elle est ardente espérance de guérison; dans la mansarde déchirée et malpropre, elle se pare comme une fée du luxe et de l'élégance; non seulement elle constate, mais elle répare. Partout elle se fait négation de l'iniquité."[35] Il est difficile de distinguer dans ces passages entre ce qui concerne Dupont et l'apport de l'expérience personnelle de Baudelaire, car le poète laisse resurgir et se fondre sa révolte dans sa critique. Au lieu d'isoler le mal de l'enfance et de seulement s'en plaindre, comme dans ses lettres, il conçoit dans un raccourci saisissant à la fois ce mal et la seule solution qu'il lui connaisse. S'il est trop tard pour que cette solution soit effective pour l'enfant, elle joue pourtant lorsque le chagrin né de l'enfance renaît pour colorer la pensée de l'adulte. "Chagrin d'enfant principe d'œuvre d'art," écrit Baudelaire.[36]

[33] Ibid., p. 741.
[34] Ibid., p. 608.
[35] Ibid., p. 614.
[36] *Les Paradis artificiels*, p. 464.

L'article sur Pierre Dupont montre la récurrence du thème de l'internat et de l'enfance emprisonnée. En fait, il ne s'agit pas tant d'un "thème" que d'une réalité vécue de l'enfance qui est toujours prête à faire surface quand une occasion la suscite et qu'elle peut prendre forme dans une structure poétique avec le support de la force du génie adulte: l'enfant qui survit dans le poète se sent maintenant la force de protester et la poésie est sa révolte. Citons à ce propos ce que Baudelaire écrivait sur l'importance des impressions d'enfance dans l'œuvre du poète adulte, dans un passage capital des *Paradis artificiels*:

> C'est dans les notes relatives à l'enfance que nous trouverons le germe des étranges rêveries de l'homme adulte, et, disons mieux, de son génie. Tous les biographes ont compris, d'une manière plus ou moins complète, l'importance des anecdotes se rattachant à l'enfance d'un écrivain ou d'un artiste. Mais je trouve que cette importance n'a jamais été suffisamment affirmée. Souvent, en contemplant des ouvrages d'art, non pas dans leur *matérialité* facilement saisissable, . . . ou dans le sens évident de leurs sujets, mais dans l'âme dont ils sont doués, dans l'impression atmosphérique qu'ils comportent, dans la lumière ou dans les ténèbres spirituelles qu'ils déversent sur nos âmes, j'ai senti entrer en moi comme une vision de l'enfance de leurs auteurs. Tel petit chagrin, telle petite jouissance de l'enfant, démesurément grossis par une exquise sensibilité, deviennent plus tard dans l'homme adulte, même à son insu, le principe d'une œuvre d'art.

C'est la pensée de l'enfance et des écrits de Thomas de Quincey qui inspire ce passage, mais il ne serait pas aussi convaincant si Baudelaire n'avait pas eu à l'esprit le souvenir de sa propre enfance et ses rapports avec son œuvre. Il ajoute:

> Enfin, pour m'exprimer d'une manière plus concise, ne serait-il pas facile de prouver, par une comparaison philosophique entre les ouvrages d'un artiste mûr et l'état de son âme quand il était enfant, que le génie n'est que l'enfance nettement formulée, douée maintenant, pour s'exprimer, d'organes virils et puissants? Cependant je n'ai pas la prétention de livrer cette idée à la physiologie pour quelque chose de mieux qu'une pure conjecture.[37]

Il est inutile de souligner la fortune d'une telle intuition et ses échos dans la pensée psychanalytique. Pourtant certains critiques s'attachent à la lettre de Baudelaire et lui refusent une ouverture dans ce sens, limitant ainsi la portée qu'elle contient en puissance, comme s'il était iconoclaste de voir dans sa pensée aussi l'anticipation d'une autre.[38] Baudelaire fait allusion, pourtant, à la "physiologie," faute d'un terme plus moderne, pour lui "livrer" avec modestie "une pure conjecture." Le terme de "physiologie" et la modestie inaccoutumée de Baudelaire suggèrent qu'il a là

---

[37] Ibid., p. 443.
[38] Voir M. Milner, *Baudelaire: Enfer ou Ciel, Qu'importe!* (Paris: Plon, 1967), p. 18.

une intuition qui déborde la pure esthétique et peut-être aussi sa propre compréhension. La pensée de Baudelaire ne coïncide pas exactement avec les concepts de la psychanalyse, mais elle montre avec eux une parenté d'intérêt indéniable pour le rôle des événements de l'enfance dans la vie de l'adulte. Logiquement, Baudelaire oriente cet intérêt vers l'œuvre d'art, alors que Freud le fait vers la psychologie. Sans doute Baudelaire n'anticipe-t-il pas la psychanalyse, mais rien n'empêche de croire qu'il a pu en être un précurseur, comme d'autres—par exemple J.J. Rousseau—qui avaient de bonnes raisons pour le faire, car même si c'est à propos d'autres écrivains qu'il souligne le rôle des impressions d'enfance, sans doute ne l'aurait-il pas fait s'il n'en avait trouvé la raison dans sa propre vie. Notons que ce sont des intuitions telles que celles-là qui remplissaient Freud d'admiration et d'envie pour les écrivains et les poètes, et Baudelaire, à tout prendre, en tirerait plus de gloire que d'avoir été influencé par Joseph de Maistre.

Un passage de l'introduction au "William Wilson" de Poe montre encore cet intérêt pour la rumination psychologique:

> Tous ceux qui ont réfléchi sur leur propre vie, qui ont souvent porté leurs regards en arrière pour comparer leur passé avec leur présent, tous ceux qui ont pris l'habitude de psychologiser facilement sur eux-mêmes, savent quelle part immense l'adolescence tient dans le génie définitif d'un homme. C'est alors que les objets enfoncent profondément leurs empreintes dans l'esprit tendre et facile. . . . Le caractère, le génie, le style d'un homme est formé par les circonstances en apparence vulgaires de sa première jeunesse. Si tous les hommes qui ont occupé la scène du monde avaient noté leurs impressions d'enfance, quel excellent dictionnaire psychologique nous possèderions![39]

Ici, la psychologie prend le pas sur l'art et dans la mesure où elle est celle des grands hommes, aux rangs desquels Baudelaire se met, et éclaire leur "génie" et leur "style," elle explique un intérêt pour l'enfance que l'âge adulte justifie.

Il n'est pas possible dans les limites étroites de cet essai sur la question du travail chez Baudelaire de rendre justice à la richesse de tels passages; contentons-nous d'en souligner l'intérêt en ce qui concerne le rapport dynamique particulier entre passé et présent qui est celui des effets de l'internat sur le poète, dans ses rapports avec le thème général de la claustration: même si Baudelaire a relativement peu parlé de l'internat ou de son enfance, il est certain que le thème de la claustration n'aurait pas été aussi récurrent, envahissant, si l'internat n'avait pas été une de ces situations qui marquent profondément un enfant, dans le présent et pour l'avenir. Quand ce thème se présente ouvertement, même si l'art du poète rend la greffe invisible, il semble apparaître par intrusion comme par un

---

[39] Baudelaire, *Critique littéraire et musicale*, pp. 127-128.

court-circuit de l'esprit qui fait pénétrer et revivre le passé dans le présent, plutôt que dans un déroulement logique de la narration et montre, selon une autre logique souterraine, la virulence du ressentiment toujours prêt à prendre feu.

Un poème de jeunesse dont Baudelaire s'est reconnu ouvertement l'auteur en l'offrant à son dédicataire est celui qu'il adresse à Sainte-Beuve en 1843. C'est un des premiers qu'il considère peut-être comme authentiquement sien: il n'est pas le résultat d'influences littéraires diffuses et gratuites, mais le confluent de deux admirations explicites—pour Chateaubriand et Sainte-Beuve—avec l'expérience vécue: quand Baudelaire cherche à communiquer à l'écrivain qu'il admire dans quelles circonstances il a appris à le connaître, ce sont précisément les souvenirs de collège et d'internat qui lui viennent à l'esprit:

> Tous imberbes alors, sur les vieux bancs de chêne,
> Plus polis et luisants que des anneaux de chaîne,
> Que jour à jour la peau des hommes a fourbis,
> —Nous traînions tristement nos ennuis, accroupis
> Et voûtés sous le ciel carré des solitudes,
> Où l'enfant boit, dix ans, l'âpre lait des études . . .
>
> —Qui de nous, en ces temps d'adolescences pâles,
> N'a connu la torpeur des fatigues claustrales,
> —L'œil perdu dans l'azur morne d'un ciel d'été,
> Ou l'éblouissement de la neige,—guetté,
> L'oreille avide et droite, —et bu, comme une meute,
> L'écho lointain d'un livre, ou le cri d'une émeute?
>
> C'était surtout l'été, quand les plombs se fondaient,
> Que ces grands murs noircis en tristesse abondaient . . .
> . . . Saison de rêverie, où la Muse s'accroche
> Pendant le jour entier au battant d'une cloche;
> Où la Mélancolie, à midi, quand tout dort,
> Le menton dans la main, au fond du corridor,—
> L'œil plus noir et plus bleu que la Religieuse
> Dont chacun sait l'histoire obscène et douloureuse,
> —Traîne un pied alourdi de précoces ennuis,
> Et son front moite encor des langueurs de ses nuits. . .

Ce début fourmille d'images qui sont le souvenir fidèle des années d'internat; l'introduction se termine par une strophe dont le thème est annoncé par le souvenir de la "Religieuse" de Diderot: Baudelaire s'attache au thème de la sexualité adolescente exaspérée par la claustration:

> —Et puis venaient les soirs malsains, les nuits fiévreuses,
> Qui rendent de leur corps les filles amoureuses,
> Et les font aux miroirs—stérile volupté—
> Contempler les fruits mûrs de leur nubilité—

Les soirs italiens, de molle insouciance,
—Qui des plaisirs menteurs révèlent la science,
—Quand la sombre Vénus, du haut des balcons noirs,
Verse des flots de musc de ses frais encensoirs.—[40]

(Si on s'intéresse à la biographie, on devine pourquoi l'adolescent frustré et emprisonné a pu courir si vite au devant des maladies vénériennes: elles étaient pour lui un signe ambigu de maturité, i.e., de liberté, avant de devenir une nouvelle prison: "Le jour où le jeune écrivain corrige sa première épreuve, il est fier comme un écolier qui vient de gagner sa première vérole," écrit Baudelaire dans "Mon Cœur mis à nu" [XXVII].)

Cette introduction constitue environ la moitié du poème qui, ainsi, concerne autant l'enfance que l'admiration pour Sainte-Beuve. Il est remarquable que ses thèmes appartiennent à l'enfance autant qu'à la maturité du poète, et se montrent ici dans une étape intermédiaire de leur évolution; le poème n'a pas la concision ni la maîtrise des poèmes des *Fleurs du Mal*, et pour cette raison sans doute n'y a-t-il pas été incorporé, mais il a surtout un caractère trop auto-biographique et personnel, trop descriptif, pour atteindre à la tension des autres poèmes dans lesquels ces caractères deviennent subordonnés à l'art: les souvenirs de l'internat restent si vivaces qu'ils envahissent la poésie au lieu de seulement la sous-tendre. Ils seront, plus tard, transfigurés en thèmes poétiques.

Ce sont surtout les *Fleurs du Mal*, où les thèmes de l'enfance et de l'internat restent pourtant voilés, qui, par "l'impression atmosphérique qu'elles comportent, dans la lumière et les ténèbres spirituelles qu'elles déversent sur nos âmes," expriment le plus profond sentiment de claustration: dans l'enveloppement du spleen, par les images qui le suggèrent (ciels bas et noirs, blancs ou gris, murailles du brouillard et de la pluie, etc.), ou les multiples images d'espaces clos où se confine la persona du poète (lits, alcôves, prisons, souterrains, tombeaux, etc.), et enfin l'emprisonnement moral dans le mal, tous lieux ou états d'où le désir d'infini et d'idéal fait aspirer à s'évader. Le sentiment originel de claustration qui a ses racines dans l'enfance continue sa vie souterraine pour reparaître en donnant une structure psychique aux soucis présents et contemporains de l'adulte et en les nourrissant de sa virulence cachée. "La veine sombre des *Fleurs du Mal*," écrit Cellier, "le spleen, a sa source dans les lourdes mélancolies de l'enfance."[41] Ceci est juste, mais cette filiation a besoin de l'entremise du présent, car ces "mélancolies" n'ont pas disparu pour se dissoudre en thèmes poétiques et en sources d'images, elles continuent à vivre sous une forme adulte. La "veine sombre" des *Fleurs du Mal* s'enra-

---

[40] *Poésies diverses*, p. 199.
[41] Cellier, p. 77.

cine plutôt dans la mélancolie du présent et dans le sentiment de claustra-tion qui ont tous deux leur source dans l'enfance et répètent, sur le niveau psychique, parce qu'elle n'a pas été digérée, la longue situation morale et concrète de l'emprisonnement de l'enfance.

On pourrait alléguer que ce point de vue est "réductionniste," qu'il réduit la poésie aux peines de l'enfance; mais toute critique est à sa façon un réductionnisme. Il s'agit de voir dans quelle mesure le passé nourrit la poésie sans limiter celle-ci à l'expression d'une enfance, de voir l'enfance perdre son rôle causal pour devenir source de structure, et finalement rendre à la poésie son rôle d'effort libérateur. Dans les passages qui ont été cités, Baudelaire met l'accent sur la force du génie qui "n'est que l'enfance nettement formulée, douée maintenant d'organes virils et mûrs," et sug-gère réciproquement la faiblesse de l'enfance, ou mieux, son impuissance, celle d'une période de la vie où l'être assimile passivement les impressions du monde, où "les objets enfoncent profondément leurs empreintes dans l'esprit tendre et facile," où l'enfant est privé par son âge et l'immaturité de ses facultés de la possibilité d'exprimer ses émotions ou même à l'extrême, d'en prendre pleinement conscience. L'internat a dû laisser une de ces profondes "empreintes" dans l'esprit de Baudelaire en-fant,—empreinte qui devait fleurir plus tard—et une des facultés qui ne s'est pas épanouie avant l'âge adulte a été le sentiment du droit de protes-ter contre son emprisonnement—un droit refusé peut-être par l'omnipo-tence des adultes et étouffé d'avance par le fait que l'internat était une situation normale partagée presque par tous les enfants. Il est encore plus difficile pour l'enfant de protester contre l'emprisonnement si c'est le sort commun,—mais la révolte remise à plus tard prendra parfois, avec les forces de l'adulte, les dimensions d'une révolte contre la condition hu-maine.

III

Analyse des Lettres de l'Enfance et de l'Adolescence de Baudelaire

Les souvenirs d'internat et les échos de la claustration qui viennent d'être étudiés appartiennent à la maturité de Baudelaire, à un âge où l'homme en possession de ses forces et de son génie et libéré de l'oppression extérieure peut enfin protester rétrospectivement. Quand Baudelaire montre l'importance des impressions d'enfance sur le génie de l'artiste adulte, il reconnaît à celui-ci une force que l'enfant n'avait pas: le terme de "génie" conserve pour Baudelaire son sens de facultés exceptionnelles de l'esprit qui font le "grand homme," et se rapporte en même temps à ce qui fait sa force et son mode d'action, c'est-à-dire la possession d'un langage capable en l'occurrence d'expliciter un ressentiment que l'enfant n'a pas su ou n'a pas osé montrer. Ce n'est pas que l'enfant soit incapable d'expression, mais c'est dans le langage du "génie adulte" que l'enfance est "nettement formulée."

Les lettres récemment découvertes apportent sur l'enfance de Baudelaire un témoignage de l'enfant lui-même. Il peut sembler absurde alors de nier que l'enfance possède un langage, à plus forte raison si ces lettres préfigurent souvent les attitudes du poète adulte: on découvre en germe dans ces lettres de l'internat la plupart des tourments futurs, la conscience du mal, la division de l'être, l'insatisfaction, le remords, la hantise du temps et de l'avenir, le découragement, l'ennui, et finalement les germes de la difficulté du travail qui deviendra plus tard la "malédiction" de la paresse. "On se laisse fasciner par ces lettres que le hasard nous a rendues quand nous connaissions déjà celles de l'âge adulte," écrit Sagnes.[1] C'est

---

[1] G. Sagnes, *L'Ennui dans la Littérature française, de Flaubert à Laforgue (1848-1884)* (Paris: Colin, 1969), p. 149.

56

bien en effet le langage des lettres futures à la mère que préfigurent celles-ci, mais ce n'est pas le langage que le génie du poète adoptera; dans plusieurs lettres à sa mère de l'âge adulte, il montre sa terreur que d'autres qu'elle ne les lisent et découvrent une part de son être qu'il aurait honte de laisser connaître: sans doute aurait-il frémi à la publication posthume de tant de plaintes en désaccord avec sa définition du génie adulte. Il semble que deux courants se trouvent dans son œuvre, ou deux langages, celui du "génie adulte" qui formule aussi nettement les impressions de l'enfance—ou celui du poète—et le langage qui conserve chez l'adulte un mode d'expression qui dure depuis l'enfance et que l'homme continue à utiliser car il correspond à une image de soi qu'il veut préserver, celle par laquelle sa mère le connaît et qu'il ne peut abandonner à moins de perdre l'amour que sa mère lui accorde dans la mesure où cette image le justifie. Au lieu de voir dans les lettres de l'enfance de Baudelaire la préfiguration des lettres de la maturité, il serait plus juste de voir dans celles-ci la continuation des premières: le poète nourrit sa poésie des tristesses de l'enfance et s'en libère par le travail, mais l'enfant survit en lui et conserve son propre langage—celui dont il use pour écrire à sa mère. C'est en ces termes que les lettres de Baudelaire à sa mère constituent un volet de son œuvre qui fait équilibre avec les écrits destinés au public: ceux-ci appartiennent au langage du poète et du critique, les premières à celui de l'enfant pour qui la poésie qui est travail ne représente pas un moyen d'expression assez lâche et assez élastique pour traduire des maux parmi lesquels un des plus graves est la paresse.

Les lettres de l'enfance de Baudelaire ne montrent pas, il faut le dire, le ressentiment et l'amertume des écrits futurs au sujet de l'internat. Elles ne corroborent donc pas exactement le témoignage de Gracq et celui de Lautréamont, ni même les souvenirs amers de Baudelaire, elles les complètent plutôt, non pas en décrivant l'horreur concrète de l'internat qu'il a sûrement vécue mais que seul un esprit plus mûr et libéré de son emprisonnement pouvait exprimer après coup, mais en montrant ses effets immédiats sur un enfant qui lui est encore tout à fait soumis et est incapable de la considérer dans une large perspective. Ce sont de vraies lettres d'enfant emprisonné qui montrent l'influence de la claustration sur ce qui est le plus important pour lui, i.e. le travail scolaire dans la mesure où ses résultats le rapprochent ou le privent de ce qui lui est le plus cher, c'est-à-dire sa mère. C'est dans la privation de sa mère qu'il ressent essentiellement le manque de liberté, et inversement, dans la présence de sa mère qu'il jouit de sa liberté; comme l'absence exacerbe son besoin, et que la jouissance de sa mère est la forme que prend sa liberté, il passe ainsi de la claustration de l'internat à une autre claustration qui est celle de son attachement, dans un va-et-vient à peu près normal pour un enfant mais qui instaure et conditionne une dépendance qui durera toute sa vie.

On a noté le ton enjoué, "la pétulance et la bonne humeur" du petit garçon, inattendus pour le lecteur qui imagine au poète une "enfance uniformément sombre",[2] mais ce ton ne caractérise que quelques lettres à son demi-frère Claude-Alphonse. C'est à ce dernier, en effet, que s'adressent les lettres de la première année d'internat—sans doute le petit Baudelaire voit-il assez souvent sa mère et n'est-il pas encore voué à la "privation de sortie": il n'a pas encore besoin de lui écrire. L'intérêt de ces lettres au demi-frère tient aux impressions directes de l'internat, alors que dans les lettres à sa mère, celles-ci resteront voilées. Dès 1832, l'enfant de onze ans écrit de la pension Delorme: "Je me déplais horriblement à la pension, elle est sale, mal tenue, en désordre, les élèves méchants et malpropres comme tous les Lyonnais. . . ."[3] Au début de l'année suivante, il écrit qu'il est "content d'être au lycée," et fier de porter "l'habit de collégien" (11). L'éclat symbolique de l'uniforme vaut encore. Un peu plus tard, il écrit: "Je me plais beaucoup au collège; qui ne se plairait pas où l'on a des amis." Mais immédiatement suit une allusion qui laisse se dessiner implicitement le caractère répressif d'un régime incarné dans ie personnage omniprésent du "pion": "Notre place en étude favorise beaucoup notre amitié. Car, dès que le pion s'en va de sa chaire, nous sommes en face l'un de l'autre et pouvons nous sourire à notre aise." Sourire en étude est une infraction à la discipline. Il continue: ". . . Je vais m'habiller, et dans une demi-heure je serai hors de la prison" (12). Sans doute est-ce là vocabulaire courant de collégien autant que sentiment réel d'emprisonnement, mais le mot "prison" révèle une attitude en désaccord avec le milieu. Le "pion" est source constante de punitions, de pensums, d'arrêts, de privations de sortie, contre lesquels il n'est pas permis de protester à moins de voir se multiplier la répression. Une lettre montre le pion dans l'exercice classique de sa fonction punitive: la faute originelle, simple bavardage à l'étude, provoque la punition, on proteste, on "murmure," et la punition double et triple, "ça mène bien loin quelquefois": "Etre aux arrêts, c'est être planté comme une statue contre un mur ou contre un arbre, y geler pendant tout le temps que l'exige un tyran" (33). Il évoque ailleurs un autre pion à qui sa position octroie la toute-puissance et une grande latitude à sa brutalité: il roue de coups un élève, le prive de souper, l'enferme, revient le battre, etc., ce qui provoque un grand "charivari"

---

[2]   Baudelaire, *Lettres inédites aux siens*, présentées et annotées par P. Auserve (Paris: Grasset, 1966), introduction, p. 26.
[3]   *Correspondance*, I, 8. (Dorénavant dans ce chapitre, les citations empruntées à ce volume seront suivies du numéro de la page dans le texte.)

parmi les internes. L'élève Baudelaire ajoute: "Je suis dans les *mutins*. Je ne veux pas être de ces *lèche-culs* qui craignent de déplaire aux pions. Vengeance sur ceux qui ont abusé de leurs droits. C'était une inscription des barricades de Paris. . . ." Il signe, "le mutin cadet" (16-17). C'est une époque où Lyon vit dans un climat révolutionnaire, où les émeutes couvent ou éclatent parmi les canuts. Cet esprit pénètre le lycée sans doute, mais Baudelaire proteste contre la répression seulement quand elle le touche de près. Parlant de menaces d'émeute, il peut adopter le langage des parents: "On nous avait à Lyon menacés de grands bruits. . . . Il y avait un grand rassemblement . . . tous ces jeunes gens avaient une cravate rouge, plutôt signe de leur folie que de leur opinion . . ." (18). L'enfant laisse paraître finalement un sentiment nouveau, né de la claustration, de la solitude et de la privation de ce qui lui est cher, le terrible ennui, né dans la situation concrète de l'enfance enfermée et qui ne le quittera plus: "Qu'on s'ennuie au collège, surtout au collège de Lyon. Les murs en sont si tristes, si crasseux et si humides, les salles si obscures. . . ." Cette lettre montre le rapport étroit entre la claustration et la difficulté à travailler pour l'enfant; il ne les associe pas lui-même, mais le rapport est évident, car après avoir parlé de son ennui, il se dit découragé par la baisse subite de ses résultats scolaires: "Ce découragement est assez excusable. A peine suis-je rentré au collège que je n'ai gagné que des mauvaises [notes]. Ajoute à cela le souvenir de mon ancienne splendeur. Je parle de ma force de classe de l'année passée" (22-23).

Ces lettres au demi-frère servent de préliminaire à ce qui va être encore plus important, la question du sentiment de sa valeur personnelle aux yeux de l'enfant et à ceux de sa mère dans le contexte du travail et de l'internat. Il n'est pas tout à fait exact de dire que Baudelaire ne s'est pas plaint de l'internat, mais il l'a fait de façon discrète et indirecte, laissant plutôt transpirer, de ce qui était une situation normale de l'enfance, un sentiment de solitude et d'insatisfaction, un désir naissant de révolte, et l'ennui. Et s'il le fait, c'est à son demi-frère de seize ans son aîné, à moitié complice puisqu'il peut se plaindre à lui, mais déjà transfuge dans le camp des adultes puisque l'enfant se sent coupable envers lui pour sa paresse à écrire et ses mauvaises notes humiliantes. Bientôt il lui écrira comme à ses parents, et même avec une tendance plus prononcée à s'accuser, car avec lui il n'a rien à perdre que des "étrennes" ou des félicitations épistolaires, tandis qu'auprès de sa mère il lui faudra plutôt "reconnaître" les fautes dont on l'accuse, les minimiser, se justifier et promettre de faire mieux, et non pas pour de simples récompenses mais pour mériter ce qui est le droit le plus naturel de l'enfant, celui de voir sa mère.

On peut se demander pourquoi le ressentiment de Baudelaire s'est exprimé de façon aussi indirecte ou oblique. Il n'y a pas de signe dans ses lettres qu'il se soit plaint à sa mère, et peut-être le demi-frère servait-il de confident à distance pour des pensées que l'enfant interne n'osait pas exprimer directement à ses parents. Ou peut-être l'a-t-il fait oralement à l'occasion de visites ou de sorties, mais je crois qu'il est encore plus probable qu'il n'a jamais osé le faire, car on avait dû le convaincre avec une autorité sans réplique que l'internat lui avait été imposé pour son bien. Et finalement, quand la solitude, la tristesse et l'ennui du lycée ont commencé à provoquer le découragement et la paresse et ont fait de l'internat un véritable enfer parce qu'il était constamment puni, il avait déjà perdu le droit de se plaindre, car c'était pour sa paresse qu'on le punissait et il ne lui restait, en sorte, qu'à s'en prendre à soi-même. Ses parents contribuaient en outre à son auto-culpabilisation en interprétant sa paresse comme de l'ingratitude à leur égard et le forçaient à éprouver des remords envers eux autant qu'envers lui-même.

Dans une note de son article sur le *Baudelaire* de Sartre, E. Kushner invite à une ré-interprétation du poète et de ses attitudes adultes à la lumière de ces lettres: "On est frappé de voir à quel point les repentirs, les auto-accusations, les résolutions de travail de l'enfant de treize ans sont ceux-mêmes de Baudelaire devenu adulte; et ce sont précisément les attitudes dans lesquelles le fixe l'idéologie familiale." ". . . On comprend ce qui a pu nourrir le conflit et agrandir la faille entre l'enfant et le monde des adultes. Il est constamment question, en effet, des places et des prix obtenus. Ceux-ci laissant à désirer à cause de sa nonchalance naturelle, on lui a inculqué systématiquement le sentiment de sa culpabilité."[4] Sans doute cette culpabilisation fut-elle plus involontaire que systématique, et conséquence de l'ignorance des parents à l'égard des besoins de l'enfant —le beau-père se souciant de discipline et la mère d'excellence scolaire. Kushner cite une lettre qui illumine de façon pathétique les sentiments du lycéen et qu'il faut analyser car elle montre dans quel cercle vicieux il était pris et comment on lui a inculqué dès son enfance la notion du mal en lui:

> Je vous écris cette lettre pour tenter de vous persuader, qu'il y a encore quelque espérance pour me tirer de l'état qui vous fait tant de peine. Je sais que dès que maman lira le commencement de cette lettre, elle dira: je n'y crois plus, que papa dira la même chose; mais je ne me décourage pas, vous ne voulez plus venir me voir au collège pour punition de mes sottises; mais venez une dernière fois pour me donner de bons conseils, pour m'encourager. Toutes ces sottises viennent de mon étourderie et de mon lambinage. Quand la dernière fois encore je vous ai promis de ne plus vous donner de chagrin, je parlais de bonne foi, j'avais la résolution de travailler et de travailler ferme pour que vous puissiez dire: nous avons un fils qui reconnaît nos soins; mais

---

[4] E. Kushner, "Sartre et Baudelaire," *Actes du Colloque de Nice* (25-27 mai 1967), Annales de la Fac. des Lettres et Sc. humaines de Nice, IV-V (Paris: Minard, 1968), 116, n. 7.

l'étourderie et la paresse m'ont fait oublier les sentiments qui me possédaient, quand je promettais. Ce n'est pas mon cœur qu'il faut corriger, il est bon, c'est mon esprit qu'il faut fixer, qu'il faut faire réfléchir assez solidement pour que les réflexions y restent gravées. (25-27)

Le sentiment qui anime ce début de lettre est un mélange de honte due à l'humiliation des mauvaises notes et des punitions, de déréliction et de désespoir d'un enfant qui se sent forcé de prendre sur lui la responsabilité de l'absence de ses parents afin de reconquérir une place dans leur cœur. Les premiers mots, "je vous écris cette lettre . . .," semblent indiquer qu'il s'agit là d'une action inaccoutumée, presque d'une première lettre écrite comme en dernier ressort pour attendrir la rigueur des parents et mendier leur affection, qui inaugure de façon exemplaire le rapport épisto- laire de la mère et du fils fondé sur l'absence. Au lieu de se plaindre que ses parents ne viennent plus le voir, l'enfant reconnaît la justice de leur refus: "Vous ne voulez plus venir me voir au collège pour punition de mes sottises"; et au lieu d'alléguer sa tristesse et son délaissement, il avance un argument valable à leurs yeux pour les convaincre de venir le voir: "Mais venez une dernière fois pour me donner de bons conseils, pour m'encou- rager." En parlant de ses "sottises," de son "lambinage," de son "étourde- rie," et enfin de sa "paresse," il cherche, en s'accusant volontairement, à attribuer à des fautes relativement petites la "peine" de ses parents et leur refus de le voir, pour tenter de préserver de leur colère ce qui est le plus important pour lui, c'est-à-dire le sentiment de sa propre valeur à leurs yeux, la réalité de son amour pour eux qui exige en retour une chose encore plus essentielle, c'est-à-dire leur amour pour lui: aussi proteste-t-il contre l'accusation d'ingratitude qui comporte un jugement moral facteur de rupture: s'il est ingrat, cela suppose qu'il n'aime plus ses parents, et, en retour, que ceux-ci ne l'aiment plus. Il voudrait qu'ils disent: "Nous avons un fils qui reconnaît nos soins"; mais sans doute est-il déjà trop tard pour se justifier, car "vous commencez à croire que je suis un ingrat, vous en êtes peut-être bien persuadés." Ce qui le blesse profondément, ce qu'il craint, c'est l'aggravation du jugement de ses parents, de la paresse à l'ingratitude puis, logiquement, au "mal." Si cette conclusion est correcte, il doit reconnaître que ses parents ont raison de ne plus vouloir le voir; aussi tente-t-il désespérément d'écarter cette conclusion: "Ce n'est pas mon cœur qu'il faut corriger, il est bon, c'est mon esprit qu'il faut fixer. . . ." On distingue déjà chez l'enfant, dans cette dissociation, le sens d'une dualité en herbe; il sent qu'il y a quelque chose en lui qu'on n'aime pas, et il se désespère à la pensée que ce pourrait être tout son être. Comment prouver qu'il est bon et qu'il n'est pas ingrat? "Je sais le moyen; c'est de travailler sur-le-champ." Et il renouvelle sa prière: "Rendez-moi tout de suite votre confiance et votre amitié, venez me dire au collège que vous me les avez rendues. Ce sera le meilleur moyen de me faire changer aussi en un moment." Si le travail réussit ce tour de force, il perd son sens de simple activité scolaire pour prendre le caractère impressionnant d'une vertu aux effets magiques et d'autant plus difficile à montrer qu'elle doit naître comme par miracle du fond même du découragement. Si le travail est cette grande vertu—ou le bien—son contraire la paresse est le mal: ". . . Ce temps que j'ai passé dans la paresse et l'oubli de ce que je vous devais sera toujours une tache. Comment vous faire oublier en un moment une mauvaise conduite de trois mois?"

Suit une nouvelle variation, plus nourrie et plus humble encore, sur le même thème: "Vous avez désespéré de moi comme d'un fils au mal duquel on ne peut remédier et auquel tout est devenu indifférent, qui passe son temps dans la paresse, qui est mou, lâche et n'a pas le courage de se relever. J'ai été mou, lâche, paresseux, je n'ai pensé à rien pour un certain temps; mais comme rien ne peut faire changer le cœur, mon cœur, qui malgré ses défauts a son bon côté, m'est resté. . . . J'ai pensé que je pouvais . . . vous communiquer les réflexions que m'avaient suggérées l'ennui que me procure une vie passée dans la paresse et les punitions." Le "mal," leit-motiv baudelairien, entre en scène pour la première fois ici comme l'"irrémédiable," associé dorénavant avec la paresse, l'indifférence, le désespoir et l'ennui, et c'est le sentiment de sa déréliction qui l'inspire à l'enfant et l'aggrave en même temps. Aussi abandonne-t-il l'espoir de voir ses parents: "Si vous . . . n'avez plus [le courage] de venir au collège, répondez-moi, et dans une lettre donnez-moi les conseils et les encouragements que dans le parloir vous m'auriez donnés en personne." Puis le même thème reprend: "Si décidément vous avez pris le parti de ne plus venir au collège avant qu'une conduite nouvelle vous ait prouvé un changement total de ma part, écrivez-moi, je garderai vos lettres, je les lirai souvent pour lutter contre mon étourderie, pour me faire verser des larmes de repentir. . . ." La simple lettre, même de reproches, qu'il mendie, serait ainsi une consolation à l'absence des parents, un recours aussi contre la peur profonde d'être oublié, d'être tout à fait abandonné au fond du collège: "Vous n'oublierez pas, j'en suis sûr, que vous avez un fils au collège, mais n'oubliez pas que ce fils a encore du cœur . . . il ne faut pas désespérer de moi." Que ses parents désespèrent de lui est, en effet, la grande crainte car cela signifierait un oubli total, le bannissement, un rejet inimaginable. Cette crainte il ne l'exprime qu'à demi de peur peut-être de la voir se réaliser, aussi préfère-t-il ignorer cette terrible possibilité et reprend-il le ton et le thème moins dangereux de la culpabilité reconnue: "Ce ne sont pas les moyens de rigueur qui me touchent. C'est la honte de vous avoir obligés de les employer." Et finalement il minimise ce qui peut être pour lui l'horreur de l'internat pour mettre l'accent sur ce qui lui est véritablement à cœur: "Ce n'est point à la maison que je suis attaché, non plus qu'aux commodités que j'y trouve quand je sors. . . ." Est-ce là une litote instinctive dictée par la crainte de voir une démonstration pitoyable de ses besoins nuire à la sincérité de la contrition qu'on exige de lui? Et la lettre s'achève sur ce ton à la fois passionné et réticent, et remet l'accent sur le travail comme première obligation: "C'est au plaisir de vous voir que je suis sensible, au plaisir de causer avec vous pendant un jour, aux louanges que vous pouvez me donner sur mon travail. Je vous promets de changer, mais ne désespérez pas de moi et comptez encore sur mes promesses." Comme toute lettre, celle-ci se termine sur une note d'espoir amenée par le souvenir de l'intimité familiale, mélange bien baudelairien ou tout simplement humain d'espérance et de souvenir, qui tend à redonner des forces à l'enfant tout en ne laissant rien présager de l'avenir ni de l'accomplissement des promesses. Il serait facile d'anticiper ici bien des promesses du Baudelaire futur, mais ce serait ne pas rendre justice aux tourments présents de l'enfant.

La substance de cette lettre est le sentiment de culpabilité, inculqué par les parents et le collège, qui possède l'enfant: comme il ne travaille pas assez bien pour satisfaire personne, on l'accuse de part et d'autre de paresse; le lycée le punit en le privant de sortie et du plaisir de voir sa mère, et celle-ci de son côté fâchée de son manque de succès scolaire l'accuse d'ingratitude, comme si bien travailler était une façon de la remercier pour des bienfaits qui consistent surtout pour l'enfant en une réclusion loin d'elle; la punition qu'elle impose est alors une aggravation de la situation initiale: elle refuse d'aller voir son fils et même de lui écrire. Le sentiment de culpabilité se localise ainsi dans le problème du travail, pas seulement à cause des reproches des parents mais de l'intéraction de deux blessures, l'internat et l'attitude punitive de la mère.

S'il y avait déjà une "fêlure" obscure, due au remariage de la mère ou à d'autres blessures hypothétiques, elle a dû se dessiner plus nettement au collège quand l'enfant a deviné qu'une partie de lui-même ne pouvait que causer de la "peine" à sa mère: celle-ci ayant relégué son fils à l'internat et refusant de le voir pour son "ingratitude" semble avoir brisé le rapport essentiel entre un enfant et sa mère qui tient à la totalité de la personne et ne fait d'un côté de la personnalité qu'un subsidiaire: elle subordonne au contraire le tout à un aspect de son fils en surévaluant le rôle du travail et de la paresse aux dépens du tout, en en faisant la raison d'être de sa présence ou de son absence et en exigeant que son amour soit mérité plutôt que librement donné.

On se demande pourquoi le petit Baudelaire était interne. C'était la norme sans doute; on a aussi suggéré la jalousie d'Aupick, consciente ou inconsciente, qui l'a incité à interrompre l'intimité du fils et de la mère et qu'il a rationalisée en nécessité d'une discipline quasi militaire propre à l'éducation d'un garçon.[5] Pourquoi Mme Aupick a-t-elle accepté de se séparer de son fils? Sans doute par ambition pour lui comme le prouvent ses exigences, mais peut-être aussi s'est-elle sentie libérée d'une présence possessive, consolatrice d'abord puis accaparante. Si le petit Baudelaire s'est relativement peu plaint de l'internat, c'est qu'on l'avait sans doute persuadé sans discussion que c'était chose indispensable; mais il est difficile d'imaginer des arguments assez convaincants pour un enfant enfermé dont les parents habitent la même ville et qui veulent à peine le voir. Il attribue parfois l'absence de sa mère à des raisons frivoles, mais plus importantes pour elle qu'une visite au parloir: le "coiffeur" par exemple ou des plaisirs qu'il n'a pas le droit de partager; en août 1838, l'été qu'il passe à l'internat, il écrit qu'on l'a "vue à cheval": ". . . Tu t'amusais beaucoup . . . tu étais contente. Ah! tu es bien heureuse de t'amuser. Quant à moi c'est tout le contraire; je m'ennuie tellement que je pleure sans savoir pourquoi. . ." (60). Si à l'âge de dix-sept ans il pleurait "sans savoir pourquoi," sans doute était-il encore plus triste quand il était plus petit, même s'il n'en a rien dit et a parlé surtout de "découragement" devant ses mauvaises notes—découragement ou désespoir puisque les punitions aggravaient la séparation.

Pour l'enfant de onze ans, sa mise à l'internat a dû paraître l'effet d'une décision arbitraire et incompréhensible, et sa séparation brutale d'avec sa mère une terrible blessure, aggravée encore par les conditions répressives de l'internat. Il écrira beaucoup plus tard: "Il y a eu dans mon enfance une époque d'amour passionné pour toi. . . . J'étais toujours vivant en toi; tu étais uniquement à moi. Tu étais à la fois une idole et un camarade. . . . Plus tard, tu sais quelle atroce éducation ton mari a voulu me faire; j'ai 40 ans et je ne pense pas aux collèges sans douleur, non plus qu'à la crainte que mon beau-père m'inspirait. . . ."[6] A la brève fierté de l'uniforme, rationalisation sans doute plantée en lui par une famille d'officier pour laquelle l'uniforme est un symbole riche et polyvalent mais peu résistant à l'usage, on voit se substituer bientôt la honte et le remords, et l'internat devient le milieu fertile de la culpabilisation, c'est-à-dire d'une intériorisation de la désapprobation d'autrui.

Si l'internat est pour l'enfant cet "enfer" qu'évoquent Gracq et Lautréamont, ne peut-on pas supposer que c'est là le milieu où il a, pour la première fois, pris conscience du "mal" en lui, tout au moins d'un mal embryonnaire à la mesure de l'enfant et au contenu vécu? Pour s'adapter à un enfer, l'enfant doit accepter le mal qui en est la règle, et ce qui serait pour lui ailleurs le mal devient ici le bien: la vertu, à l'enfer, c'est obéir aux

---

[5] Voir Laforgue, *L'Echec de Baudelaire*, pp. 160-161, et Porché, *Baudelaire*, p. 61.
[6] *Correspondance*, II, 153 [1861].

règles, acquiescer au mal que celles-ci signifient. Au contraire, refuser le mal, c'est se révolter contre les règles, c'est pour l'enfant préférer ses aspirations naturelles—ce qui était alors son bien. (Je ne prends pas ici le mot "mal" dans son sens ordinaire mais comme la caractéristique du milieu détestable de l'enfer.) Ainsi en préférant ce qui est son "bien" naturel, ce qui est fait pour le rendre heureux (plaisir, travail dans la nonchalance, liberté d'action, amour de sa mère, etc.), l'enfant est conduit à se montrer, dans le contexte du mal, pire que ce mal, car l'enfer, l'envers du monde, est le lieu d'un renversement des valeurs où le mal— obéissance aux règles—devient le bien, et où le bien—spontanéité de l'être et expression de sa nature—prend le caractère de la révolte et devient le mal.

Mais quel est en définitive ce mal? Si l'internat est un enfer, l'enfant qui y est enfermé peut interpréter comme une punition son internement. Ainsi, puni d'avance avant d'avoir péché ou même vécu, il ne peut chercher qu'en lui-même des raisons pour justifier le châtiment imposé pour des raisons obscures et inexplicables, mais "juste" puisqu'il tient à la volonté des parents "qui l'aiment" et qu'il aime; c'est en lui-même qu'il doit trouver le mal pour lequel on le punit. Or le seul mal que l'enfant innocent confiné dans un internat peut découvrir en lui est le ressentiment contre ceux qui l'ont rejeté, mais qu'il n'ose exprimer de peur de perdre le peu d'amour qu'il leur reste pour lui, et qu'il ne peut même non plus s'avouer à lui-même sous peine de ne plus les aimer. Il tourne contre soi ce ressentiment et n'a plus conscience que de sa tristesse, de sa solitude, de son ennui, de sa déréliction. Pour punir sa mère de l'avoir abandonné, pour se punir encore plus lui-même de lui en vouloir à elle, il s'abandonne au découragement, au désespoir obscur qui, dans le contexte de l'école, devient résistance passive, inhibition de la faculté du travail, en un mot, à la paresse qui en est la forme concrète et la seule sur laquelle aient prise le lycée, ses parents et son propre remords.

La paresse est ainsi l'évidence concrète par laquelle l'enfant donne prise aux accusations, d'ingratitude principalement, et se laisse percevoir et se connaît comme mauvais. Pour l'enfant fragile et si aisément victime de culpabilisation, sa paresse, péché capital des écoles françaises, devient une "tache," une tare ineffaçable qui peut le stigmatiser pour la vie. Forme inchoative de révolte, elle est aussi régression vers la passivité, réaction naturelle au sein de l'internat ennemi, et c'est cela qui est finalement le mal: obéir à sa nature sans tenter de la surmonter, se contenter d'être soi-même sans effort, est le péché pour l'enfant, et cette leçon encore obscure prendra sa signification beaucoup plus tard en contribuant à l'attitude ambivalente de Baudelaire envers une Nature qui est au départ la sienne—horreur et fascination—et à sa conception du travail et de l'effort pour lutter contre elle. La paresse est préfiguration du concept de "péché originel," obsession future de Baudelaire, une sorte de sécularisation du péché dans le contexte de l'école. Pour donner moins de prise à l'horreur de l'exil, Baudelaire enfant aurait pu vivre au ras de l'existence, dans l'"engourdissement" naturel dont il parle à son demi-frère ou l'"abrutissement" de Lautréamont, mais reproches, punitions et remords l'en empêchent.

Enfin quand le lycée le punit pour sa paresse et l'internat pour sa révolte plus ou moins affirmée en le privant de sortie, et que sa mère le punit encore en refusant de venir le voir ou même de lui écrire, les trois alliés coopèrent sans le savoir dans le sens de la culpabilisation. Baudelaire écrira à sa mère, des années plus tard: "Tu es toujours armée pour me lapider avec la foule. Tu cela [*sic*] date de mon enfance comme tu sais. Comment donc fais-tu pour être toujours pour ton fils le contraire d'une amie . . . ?"[7] Il est donc doublement ou même triplement puni, puisque puni d'abord pour avoir ressenti l'exil comme punition: la punition réelle de l'école puis celle des parents renforcent le sentiment du mal préexistant en répétant inexorablement la punition initiale responsable pour le mal, le mal de l'enfant qui, dans le fond de son âme, justifie les parents qui le rejettent et l'abandonnent et qui peut lui faire croire que c'est parce qu'il est mauvais qu'on ne l'aime pas et qu'on ne veut plus le voir. Et quand l'enfant découragé a le plus besoin de sa mère, le refus de celle-ci de venir le voir prend le sens d'un refus d'amour précisément dans les termes selon lesquels il se croit mauvais, détruisant d'autant l'estime de soi déjà minée par le remords et renforçant en même temps le besoin, la nostalgie et l'attachement dans l'absence.[8]

Le travail à l'internat exige en principe une acclimatation totale aux conditions d'une existence anormale, une soumission à la discipline et à l'isolement qui permettent de fonctionner en prison comme si on était en liberté. Aussi Baudelaire admire-t-il en connaisseur la faculté de William Wilson de s'accommoder de son sort, sa volonté et les pouvoirs de son "cerveau fécond" grâce auxquels il semble heureux en prison. Mais si ressentiment, déréliction et révolte brisent cet équilibre artificiel et le changent en inadaptation, l'internat est vécu comme prison et le travail,

---

[7] Ibid., pp. 140-141.
[8] Voir J.-P. Sartre, *Les Mots* (Paris: Gallimard, 1964), pp. 186-187: Sartre se rappelle sa propre réaction d'élève externe devant les internes et souligne le côté culpabilisant de l'internat, mais sur le mode sartrien selon lequel l'enfant ne fait que mériter son sort:

> . . . Nous respections le monde entier, les riches et les pauvres . . . les jeunes et les vieux, les hommes et les bêtes: nous n'avions de mépris que pour les demi-pensionnaires et les internes: il fallait qu'ils fussent bien coupables pour que leur famille les eût abandonnés; peut-être avaient-ils de mauvais parents, mais cela n'arrangeait rien: les enfants ont les pères qu'ils méritent.

mis au second plan, perd beaucoup de sa saveur et requiert un effort énorme de volonté; si bien que l'enfant inadapté qu'on dit "paresseux" doit faire preuve de beaucoup plus de volonté que celui qui ne trouve rien à redire à son emprisonnement et "travaille bien" comme s'il était en liberté. Il faut qu'il s'éperonne sans cesse et s'encourage même à vouloir vouloir: ". . . Je ne sais de quel côté me tourner pour chercher une excuse à ma paresse pour t'écrire," dit le petit Baudelaire à son demi-frère. "Comme j'ai le projet de me relever de l'engourdissement où je suis tombé, que j'ai le projet de travailler ferme, que les bonnes places s'ensuivront, l'empressement de te les écrire pour te prouver que je n'ai pas perdu entièrement courage, ni l'amour du travail, fera que je t'écrirai plus souvent." Il mise même sur l'aide imaginaire du lointain demi-frère: ". . . Donne-moi des conseils, encourage-moi à travailler. En travaillant je m'accoutumerai aux bonnes places, comme je m'étais fait une habitude de ne rien faire" (28-29). Cette litanie auto-suggestive suggère le double effort de volonté nécessaire pour d'abord sortir de l'"engourdissement" puis pour travailler: dès l'enfance, Baudelaire apprend à apprécier la volonté, "de toutes les facultés la plus précieuse."

Savoir en outre que sa mère était si proche et pourtant inaccessible et que pour mériter de la voir il lui fallait "bien travailler" devait pour le petit Baudelaire charger d'angoisse l'acte même du travail et le rendre encore plus difficile. Il est essentiel de mettre l'accent sur la présence de la mère à Lyon et à Paris quand il y était interne: à la fois proche et inaccessible, elle pouvait d'un côté le confiner dans le mal et de l'autre attiser sa nostalgie et son besoin, contribuant ainsi à la conception baudelairienne de l'idéal et du bonheur inaccessibles: "Avoir le bonheur à deux pas, presque sous la main, et ne pas pouvoir s'en emparer," écrira-t-il plus tard; "ne pas plus nous voir que si nous étions séparés par une grande distance, c'est bien dur."[9] Sa mère devenait comme un être surnaturel, indifférent et tout-puissant, qui ne vient que quand on le supplie ou ne vient pas selon son caprice et dont la présence est un miracle, une "idole" qu' "on s'occupe à aimer." Dans ces conditions peut-être fallait-il, pour pouvoir travailler, commencer par tout oublier, c'est-à-dire faire un effort de volonté qui oblitère provisoirement le passé et le regret, l'avenir et l'espoir, et livre l'existence au travail.

Cette situation complexe qui donne lieu à l'auto-culpabilisation de Baudelaire enfant et où entrent en jeu la claustration de l'internat, les exigences et l'absence de la mère, et la difficulté du travail ne s'est pas établie en un seul jour mais s'est dessinée peu à peu: l'internat s'est fait sentir progressivement comme prison avec le temps, le travail facile et

---

[9] *Correspondance*, I, 450, et II, 318]1858, 1863].

sans effort a fait place au découragement, à la paresse et au travail difficile, cependant que les accusations des parents engendraient culpabilité et remords. Le 12 juillet 1833, le petit Baudelaire écrit avec une fierté seulement teintée de culpabilité: "Je n'ai rien fait de toute l'année; mais j'ai eu de bonnes places, ce qui prouve que je puis faire" (19). On devine quelques reproches des parents mais surtout le plaisir de réussir sans travailler. Au début des "trois mois" fatals qui se concluent dans la honte du 25 mars 1834, il avoue encore avoir réussi sans travailler, mais la culpabilité est plus nette: "Je ferai tous mes efforts et je suis sûr que je réussirai, puisque l'année dernière j'ai été second dans toutes les matières. . . . A ma honte j'avoue que j'ai obtenu ces avantages sans me donner grand' peine. Mais cette année je veux piocher ferme pour au moins, si je ne réussis pas, n'avoir rien à me reprocher" (21). Réussir sans se donner de peine est certainement le rêve de tout lycéen, car il renforce le sentiment de son talent, mais travailler sans réussir appartient au langage du professeur et à celui des parents qui met en valeur l'effort et en fait une vertu: on pardonne plus facilement à celui qui ne "peut pas" qu'à celui qui ne réussit pas en dépit de ses talents. Ce phénomène inexplicable est plus facile à attribuer au mauvais vouloir qu'à des circonstances extérieures, et le jugement se communique à l'enfant qui se laisse facilement persuader. Aussi Baudelaire écrit-il à son demi-frère, le 1er janvier 1834, à mi-temps entre la fierté du succès sans effort et la honte de la paresse:

> Je t'avais promis . . . une place de premier ou de second, mais . . . mais. . . . Je ne sais que dire pour m'excuser. Je n'ose plus promettre, parce que si le découragement s'empare encore de moi. . . . Ce découragement est assez excusable. A peine suis-je rentré au collège que je n'ai gagné que des mauvaises notes. Ajoute à cela le souvenir de mon ancienne splendeur. Je parle de ma force de classe de l'année passée. Car enfin quoique je n'aie pas eu de prix j'ai cependant brillé pendant tout le courant de l'année. Espérons cependant qu'en voyant ceux qui étaient au-dessous de moi me passer sur le corps, je me ranimerai et que par mon travail je mériterai mieux mes étrennes. (23)

Réussir sans effort était donc un don dangereux qui a dû contribuer au malentendu, car il laisse croire aux parents que leur fils peut toujours faire mieux qu'il ne fait et les rend incapables de deviner les raisons profondes pour lesquelles la facilité devient paresse et les porte à imaginer le pire pour expliquer un changement incompréhensible pour eux. Sans cette facilité initiale, on n'aurait pas compté que l'enfant Baudelaire fût "toujours premier," on n'aurait peut-être pas interprété son "découragement" comme "ingratitude," on ne lui aurait pas laissé croire que sa paresse était le mal.

Pour l'enfant qui se sentait coupable, les études à l'internat devaient perdre bien de leur saveur et il lui fallait travailler non seulement par "amour du travail," pas "entièrement perdu," pour oublier l'"ennui" et la "solitude," mais aussi pour éviter punitions et privations de sortie, et surtout pour tenter de récupérer l'amour de sa mère. Il envoie un jour une bonne nouvelle à sa mère, ce qu'elle craignait "de ne pas recevoir": ". . . J'ai tenu mes promesses. Je continuerai. . . . Ne va pas croire au moins que ce qui me fait travailler, c'est la peur des punitions. Je suis excité par des motifs plus nobles." Mais ces motifs sont dictés par le langage même des parents: "Récompenser mes parents des peines qu'ils se donnent pour moi, devenir un homme instruit, être couronné à la fin de l'année devant une grande multitude." Et la lettre se termine ainsi, sautant de la promesse au mérite: "Puis-je t'embrasser avec droit, maintenant?" (29).

Mais les promesses sont choses difficiles à tenir car elles tiennent aux bonnes intentions et à l'espoir plutôt qu'à la réalité du travail, et l'enfant Baudelaire les fait puis les renouvelle sur le ton du pécheur repentant qui confesse mauvaises notes et privations de sortie et en demande pardon comme si elles étaient un outrage à sa mère. Le résultat des promesses continuelles est le contraire de ce qu'il escomptait: on ne le croit plus. Mais comme promettre est son langage, son seul moyen de communiquer ses mérites futurs, c'est encore à cela qu'il a recours et il promet toujours, futilement: "Je ne t'écris pas pour te demander pardon, car je sais que tu ne me croirais plus; je t'écris pour te dire que c'est la dernière fois que je me fais priver de sortie, que désormais je veux travailler et éviter toutes les punitions qui pourraient seulement retarder ma sortie. C'est bien la dernière fois, je te le jure, je t'en donne ma parole d'honneur. Je travaillerai; crois-le ou ne le crois pas, tu seras forcée de le croire lorsque je t'aurai donné des preuves d'un changement complet. . . ." Mais la lettre s'achève sur la pensée de la punition habituelle: "Si à cause de ma mauvaise conduite, tu ne veux pas m'apporter toi-même ce que je te demande . . ."(23-24). Le processus s'est intériorisé: Baudelaire enfant assimile automatiquement paresse et mauvaise conduite, promesses pas tenues et mal, absence de sa mère et punition; seul un bon travail pourrait faire venir la mère, et ce miracle exige pour se produire un changement du mal au bien pareil à la conversion du pécheur: ". . . Ma conversion va s'accomplir et je serai un travailleur" (31). Pourtant il n'est pas mauvais élève, il annonce cinq accessits dont un d'"excellence": il aurait donc aussi fallu "convertir" la mère, cette divinité sans foi qui tenait à l'écart le fils imparfait.

Privé de sa mère à cause de ses punitions, le petit Baudelaire ressent d'autant plus le besoin de la voir; il lui écrit: "Je suis 4ème, et en version latine. . . . Pour récompense, je te demande, je te prie, te supplie d'oublier ma privation de sortie et de venir me voir quand tu auras reçu cette lettre," mais il prévoit un refus: "si tu n'es pas malade" (30). Et dans une autre lettre désespérée: "Privé depuis longtemps du plaisir de te voir, je prie papa d'employer une ruse . . . alléguer . . . ta mauvaise santé depuis quelques jours, et je pourrai espérer une sortie particulière" (25). Mais quand arrivent les visites tant attendues, l'espoir a quelquefois fait place au ressentiment ou à l'indifférence, et le plaisir anticipé se dissipe dans un échange de reproches: "Tu es partie du collège bien irritée, je le sais, mais tu as été trop rigoureuse et même injuste en me traitant d'ingrat. J'ai trop bien réfléchi sur toutes les obligations que j'avais envers ma mère, pour ignorer que dans ma position d'écolier, je dois lui causer beaucoup de contentement et de satisfaction. Tu m'as traité d'ingrat; moi, ingrat!" Ce reproche est en effet une injure qui signifie la rupture d'une affection réciproque où les mérites scolaires ont une si grande part. Aussi il termine sur cette prière: "Je t'ai écrit cette lettre pour te supplier de venir me voir dès aujourd'hui. Cela me fera beaucoup de bien et de plaisir, car je suis très peiné de l'injure que tu m'as faite. Viens me voir, je t'en prie" (32).

A la longue, reproches et exhortations semblent à tel point être la caractéristique du langage de sa mère que l'enfant est conduit à l'interpréter comme celui de la tendresse—dans une transposition équivalente à celle du travail en signe d'affection et de gratitude. Il écrit à son demi-frère et montre, plus librement qu'avec sa mère, cet échange ambigu: "Tu t'attends peut-être . . . à une foule de prix. Je n'en ai eu qu'un, accompagné de cinq accessits, qui enchantent mon père. Ne va pas t'aviser d'être plus difficile que lui, difficile comme ma mère . . . qui s'imagine que je devrais être premier en tout." Voici enfin exprimée clairement la cause du conflit—et la prise de conscience d'un ressentiment vite étouffé: "Je ne puis lui en vouloir de son exigence; sa tendresse excessive lui fait sans cesse rêver des succès pour moi" (34). Même les reproches sont pour lui des manifestations d'une tendresse qui ne saurait peut-être s'exprimer autrement, et lorsque sa mère est en voyage et doublement absente, Baudelaire chérit ses lettres dans leur rareté malgré leur contenu: "J'attends une lettre de toi avec bien de l'impatience; il me semble que voilà bien longtemps que je n'en ai pas reçu. Mes jours s'en vont un à un, bien tristement . . ." (55). "Ma bonne, bonne mère, tu ne m'écris plus. Je m'ennuie à mourir . . ." (57); aussi peut-il dire, quand enfin une lettre arrive: "Si tu savais combien j'éprouve de plaisir à t'entendre me dire, que tu penses toujours à moi; que tu t'occupes toujours de moi." Mais que dit-elle dans ses lettres: "Qu'il faut bien travailler, qu'il faut être un homme distingué! Tu appelles cela ton refrain. . . . J'ai éprouvé le plus grand plaisir à lire ces avis. Serait-ce que, ne les entendant plus depuis quelque temps, je les aurais trouvés agréables ou comme nouveaux; ou bien les mères trouvent-elles dans leur continuelle sollicitude du talent pour reproduire toujours les mêmes pensées, et un style nouveau pour les rajeunir?" (51-52). Sans les exhortations au travail, peut-être n'y aurait-il pas eu matière à une lettre, et l'ironie de Baudelaire laisse percer l'amertume et la blessure que causent de si maigres démonstrations d'affection. Mais il dit plus loin, encore plus clairement, que la maigre pâture des reproches de sa mère vaut comme signe de tendresse: "Je te l'ai déjà dit, tes redites de *travail*, et de *bonne conduite* ne me fatigueront jamais, parce que maintenant, jusqu'aux reproches, j'aime tout ce qui vient de toi. Toutes les fois que tu me dis '*travaille bien*, conduis-toi bien, sois un homme distingué,' quand tu le dirais cent fois, ce serait comme si tu me disais cent fois: je t'aime bien; ainsi dis, dis toujours . . ." (53).

Si la mère peut se contenter d'envoyer des reproches et des "redites de travail" pour manifester son affection et obtenir en retour celle de son fils qui s'en réjouit faute de mieux, et si celui-ci ne peut répondre à cette "sollicitude" que par des promesses et des bonnes notes, un rapport réciproque de juge et de prévenu s'instaure, fondé exclusivement sur le travail au détriment de tout le reste qui se trouve dévalorisé. Sartre s'étonne, avec une certaine aversion, que tout adulte qu'il fût, Baudelaire se soit laissé intimider par sa mère, "cette petite femme insignifiante": "Son besoin d'autorité . . . l'a conduit à élire sa mère . . . comme un juge. . . ."[10] Il aurait pu trouver dans les lettres de son enfance une corroboration à ce jugement, dans l'une en particulier où le langage lui-même devient judiciaire; à l'âge de treize ans, Baudelaire écrit ainsi à sa mère pour se défendre: "Voici des avocats qui vont justifier ma conduite auprès [de] toi. Je pourrais te dire aujourd'hui seulement en ma faveur que j'ai passé un très bon examen, et que je suis 4ème en version grecque. Ceci suffirait pour te prouver que j'ai fait quelques efforts. . . ." Mais il sait que la simple déclaration d'un prévenu n'a pas assez de poids par elle-même, aussi compte-t-il sur l'aide de ses "avocats": "Songeon, mon ami, saura mieux que moi-même me justifier. Car malgré tout ce que je pourrais dire on ne m'écouterait plus." On peut imaginer le désespoir d'un enfant réduit à compter pour se défendre sur des amis qui vont trouver, de leur propre chef, une mère qui se posait en juge de son fils: "Remercie, remercie bien mes avocats pour moi; je ne leur ai pas demandé de venir m'excuser auprès de toi. Eux-mêmes me l'ont offert dès qu'ils ont vu mon embarras et ma peine." Et malgré les excuses des avocats, il se sent à peine le droit d'embrasser sa mère: "Permets-moi de t'embrasser," écrit-il, car même ce droit élémentaire se perd quand il n'est pas justifié

---

[10] Sartre, *Baudelaire*, p. 141.

par le bon travail (30-31). Il ne semble donc pas que dans l'enfance la mère de Baudelaire ait été "cette petite femme insignifiante" dont parle Sartre, ni qu'elle ait été "élue" comme juge: en tant que juge, elle s'était imposée d'elle-même et jouait pour son fils le rôle réel d'arbitre de sa liberté et de son estime de soi. Si Baudelaire adulte a conservé envers sa mère une attitude de condamné, sans doute y avait-il des racines trop profondes pour pouvoir être arrachées.

Passablement sûr de plaire à sa mère quand il "travaille bien," l'enfant Baudelaire l'est beaucoup moins quand il s'agit d'autre chose, particulièrement de ses plaisirs, il doit même en justifier les moindres car ils n'ont pas la valeur méritoire du travail. Ainsi écrit-il à son demi-frère sur un ton pompeux: "Lorsqu'on travaille il est juste qu'on s'amuse, aussi je me divertis maintenant sur la glace, je cherche à me procurer une nouvelle jouissance, en un mot j'apprends à patiner" (35). Il arrive aussi qu'il transforme en travail et rende pénible ce qui pourrait être un plaisir, le justifiant ainsi puisque le contraire du travail serait un péché. Ecrire à son demi-frère est un de ces devoirs qu'il lui faut accomplir, alors que ç'aurait pu être un plaisir ou une façon de se libérer dans l'imagination de sa claustration; l'attitude du demi-frère, aussi réprobatrice que celle des parents, diminue encore le plaisir d'écrire et l'assimile à ce qui est travail: "Je m'aperçois bien que tu me gardes rancune, puisque tu ne m'as pas écrit que tu avais pardonné. . . ." Une phrase montre une relative liberté d'expression à l'égard du demi-frère dans un reproche qu'il n'aurait sans doute pas osé faire à sa mère: "On gronde bien les enfants quand ils font des sottises, mais on ne leur tient pas rigueur, et la rancune ne convient pas aux grandes personnes envers les petites." Puis il tente d'expliquer son silence, dans des termes étrangement semblables à ceux des lettres qu'il écrira vingt ans plus tard à sa mère pour décrire sa difficulté à travailler aussi bien qu'à écrire de simples lettres: "Ma seule faute, ou plutôt toutes les fautes que je fais sont causées par une éternelle paresse, qui fait que je remets toujours tout au lendemain, même d'écrire aux personnes que j'aime beaucoup. Cette peine que j'éprouve à mettre mes idées sur le papier est presque invincible; et au collège, quelle répugnance j'éprouve à recopier mes devoirs!" (43). Il pouvait se confier à son demi-frère plus librement qu'à ses parents mais pas assez spontanément pour que cela signifie grand-chose, aussi s'accroche-t-il à lui mais dans un sentiment de futilité qui explique sa répugnance à écrire.

Un autre plaisir de caractère douteux, qui devrait pourtant être facile à concilier avec les exigences de l'école et de la mère, est pour le petit Baudelaire la lecture. Il n'est pas sûr de soi dans ce domaine car c'est une occupation de son choix et qui ne relève que de lui, un plaisir essentielle-

ment innocent et même recommandé mais qui prend l'aspect d'un infraction parce qu'il est une manifestation de liberté et dont il faut par conséquent se sentir un tant soit peu coupable. Baudelaire, dans une lettre de
1837, commence par aplanir la voie en annonçant: "Je suis troisième en
vers," et se sent assez fort pour demander à sa mère "7 francs" pour
acheter les cinq volumes de l'*Histoire* du président Hénault, "cinq beaux
volumes d'occasion. . . ." Mais il doit battre sa coulpe: "Ma pauvre mère,
j'ai bien peur de te mettre dans la gêne; vois, tu es la maîtresse. Je n'ai pas
le droit de faire la moindre observation si tu me refuses." Il lui rappelle
alors qu'un livre qu'elle lui avait donné près d'un an avant l'a aidé à gagner
un prix, et ajoute: ". . . Peut-être devrai-je à tes 7 francs de savoir
l'histoire de France. . . . Je suis désolé de te demander tant d'argent
. . ."; il propose de payer pour ce plaisir en sacrifiant tous les autres:
". . . Mais jamais je ne t'en demanderai pour des choses futiles; jamais
nous n'achèterons plus de gâteaux dehors" (47). Il est même prêt à
sacrifier son argent de poche. On comprend le manque d'assurance du
petit Baudelaire: la lecture dont il doit démontrer l'utilité directe par des
succès scolaires est non seulement un plaisir suspect qui s'apparente à la
paresse mais aussi elle coûte de l'argent. Ainsi découvre-t-on, sans surprise, une nouvelle composante de la culpabilité, déjà préfigurée dans les
thèmes d'ingratitude, de peines et de sacrifices: ce garçon ingrat coûte de
l'argent à ses parents. Cette récrimination, toute banale qu'elle soit, peut à
l'extrême donner à l'enfant le sentiment qu'il est coupable d'exister et
prendre le sens d'une invitation à disparaître. La lettre du 3 août 1838
montre pourtant qu'il n'était pas si mal loti en fait d'argent.

Là encore il est question de lecture, cette fois comme palliatif à l'ennui.
Le petit Baudelaire s'ennuie et imagine ce que dirait sa mère: "Tu me
diras: lis. Eh bon Dieu, je n'ai fait que lire depuis que tu es partie,
c'est-à-dire depuis que l'on ne fait plus rien dans les classes. Tu sais qu'à la
fin de l'année il y a deux mois vides," ajoute-t-il comme si sa mère, aux
eaux, ne le savait pas; ". . . alors ceux qui n'ont pas d'argent pour se
procurer des livres sont bien malheureux. Moi, j'ai dépensé presque tout
mon argent à me procurer des livres. . . ." Dans sa triste situation, il est
encore moins mal loti que d'autres. Mais la lecture permise et à haute dose
perd un peu de son attrait quand c'est la seule ressource contre l'isolement. L'enfant lit tout ce qu'il peut trouver et comme il ne peut se
considérer coupable d'avoir perdu son temps à un plaisir inutile, ce sont
les auteurs modernes qui reprennent à leur compte le sentiment inévitable de culpabilité; mais ce n'est pas avant d'avoir tout lu qu'il parle: "Je n'ai
lu qu'ouvrages modernes; mais de ces ouvrages dont on parle partout,
. . . que tout le monde lit, enfin ce qu'il y a de meilleur." Pas de temps
perdu à de mauvaises lectures, et pourtant: "Eh bien, tout cela est faux,

exagéré, extravagant, boursouflé! C'est surtout à Eugène Sue que j'en veux
. . . il m'a ennuyé à mourir. Je suis dégoûté de tout cela: il n'y a que les
drames, les poésies de Victor Hugo et un livre de Sainte-Beuve (*Volupté*)
qui m'aient amusé." (Sagnes voit en ce livre une "œuvre d'initiation" pour
Ba udelaire, comme l'était *René*, ou un de ces objets qui "enfoncent
profondément leurs empreintes dans l'esprit tendre et facile" de l'adolescent.[11] Lire ce livre à l'internat où l'ennui, l'absence et l'isolement étaient
réels a dû rendre l'empreinte beaucoup plus profonde qu'elle aurait pu
l'être dans un milieu plus neutre, ou moins austère et triste, et confirmer
très tôt une tendance naturelle qui se trouvait glorifiée par la littérature.)
Pourtant, malgré Hugo et Sainte-Beuve, la littérature ne satisfait pas le
jeune Baudelaire, et il ajoute quelque chose qui devait assurément plaire à
sa mère et la convaincre qu'elle avait un fils raisonnable: "Je suis complètement dégoûté de la littérature; et c'est qu'en vérité, depuis que je sais lire,
je n'ai pas encore trouvé un ouvrage qui me plût entièrement, que je pusse
aimer d'un bout à l'autre" (61). Destinés peut-être à rassurer sa mère
qu'aurait pu alarmer un penchant pour la littérature—"je fais des vers,
mais maintenant ils sont détestables," écrivait-il plus tôt (52)—ces mots qui
affectent le dégoût de la littérature n'expriment pas le dégoût de toute
littérature: il a dû beaucoup chercher avant d'avouer n'avoir rien trouvé
qui lui plût; ses paroles auraient même pu laisser soupçonner que, puisque littérature il y a et qu'elle jouait un si grand rôle et que rien ne plaisait
au jeune Baudelaire, c'était à lui dorénavant de prendre la relève et
d'écrire enfin le seul livre qui pût répondre à ses exigences. Ses dénéga-
tions sont sincères, mais elles partent d'un besoin de sa mère et de l'approbation de celle-ci autant que de son jugement critique, car c'est du monde
de l'absence qu'il écrit et parce que sa mère lui manque; aussi continue-t-il:
". . . Je ne lis plus . . . je ne parle plus; je pense à toi"; et il décoche à sa
mère un compliment ambigu qu'en sa qualité de patronne du travail elle
pouvait apprécier: "Au moins toi tu es un livre perpétuel, on cause avec
toi, on s'occupe à t'aimer; on n'est pas rassasié comme on l'est des autres
plaisirs"; et il finit par lier littérature et attachement dans une hiérarchie
rassurante: ". . . C'est peut-être un bonheur que nous ayons été séparés;
j'ai appris à me dégoûter de la littérature moderne, j'ai appris plus que
jamais à aimer maman parce que je sentais qu'elle était absente: aussi tu
verras à ton retour; comblée de baisers, de soins, de prévenances, bien que
tu saches que je t'aime, tu seras encore étonnée que je t'aime tant!" (61).
Lecture et littérature sont donc de pauvres substituts à l'amour d'une
mère absente; cette lettre fait deviner la rupture qui se fera plus tard
quand Baudelaire choisira la littérature en refusant une carrière dictée

---

[11] Sagnes, pp. 94-95.

par l'ambition des parents, et comment la vocation poétique pourra être sacrifice de l'amour de la mère dans un conflit de toute la vie. Il faut remarquer que les parents ont encouragé cet accès au monde de la lecture et de la littérature, non pour leur vraie valeur mais comme palliatif commode à l'ennui et au sentiment de déréliction du fils: ils ont même sans le savoir forcé celui-ci à entrer dans ce territoire ambigu, ce *no man's land* entre les exigences du lycée et les leurs, où l'enfant peut manœuvrer dans une semi-liberté, pas tout à fait innocent mais très peu coupable, et d'où une fois entré il ne voudra plus sortir. Ainsi laisse-t-on naître les vices des enfants, en les tolérant, si on ne pressent pas leurs conséquences désastreuses: les parents de Baudelaire ne se doutaient pas que "lire" pour oublier l'ennui n'était que le premier pas dans une carrière déshonorante à laquelle ils avaient contribué.

Comme on pouvait s'en douter, quand le petit Baudelaire écrit ces dernières lettres, il y a beau temps qu'il n'est plus un mauvais élève, s'il l'a jamais été; ses parents le savent, tout le monde le sait, il ne reste que lui à ne pas le savoir. Des années plus tard, son demi-frère lui écrit: "Songe combien ta mère était fière de tes succès de collège, combien tes prix dans une bibliothèque attestaient ta capacité. Tes succès de collège, tu les as méprisés; tes prix, tu les as vendus."[12] Cette fierté, il est probable qu'on ne lui en a jamais fait part, et il lui reste à jamais le sentiment qu'il était, en dépit des apparences, paresseux, mauvais et indigne de l'amour de sa mère. Il aurait dû soupçonner le contraire pourtant, mais il n'en avait jamais reçu la confirmation de ceux qui comptaient pour lui; on le laissait mijoter dans sa culpabilité alors qu'on commençait à être fier de lui dans sa famille. A l'occasion du transfert du général Aupick et de sa famille à Paris, qui correspond à celui de l'enfant de l'internat de Lyon à celui de Louis-le-grand, le contraste des points de vue est extraordinaire—du moins dans le souvenir de la mère. Le 25 février 1836, Baudelaire écrit à son demi-frère, de Paris: "Si je ne t'avais pas annoncé notre départ dans ma dernière lettre, c'est que je l'ignorais moi-même. . . . C'était une petite ruse maternelle pour me faire travailler jusqu'au dernier moment. Elle a pensé que si je savais que notre départ était si prochain, je n'aurais rien fait du tout, et elle ne m'en a averti que deux jours avant" (36-37). Sa grande crainte est de se "trouver à la fin de la classe, à la queue," à Paris. Aussi est-on surpris de lire ce que Mme Aupick écrivait à Asselineau en 1868: "A notre retour à Paris, quand mon mari l'a conduit à ce collège Louis-le-grand, comme il était très enthousiaste de la capacité de Charles et de ses succès, il dit au proviseur: Voici un cadeau que je vais vous faire,

[12] *Lettres inédites aux siens*, p. 209.

voici un élève qui fera honneur à votre collège." Elle rapporte les paroles d'un beau-père beaucoup plus enthousiaste qu'elle, car elle écrit, trente ans après ses propres blessures d'ambition maternelle: "Charles n'a pas été, il est vrai, dans son enfance, un enfant prodige." Les virgules semblent souligner sa réticence. "Mais il a toujours eu des succès et des prix dans les collèges où il a été." Elle reconnaît qu'"effectivement, il a été couronné au grand concours de 1837, en vers latins." Pourtant elle n'oublie pas ses anciennes récriminations": "Il a pu être faible dans ses examens de bachelier ès-lettres, je ne sais." Mais l'opinion favorable des autres compte aussi: "Mais ce qui est bien positif, c'est qu'il a laissé dans l'esprit de ses camarades et de ses professeurs le souvenir d'une grande capacité." Et enfin elle attribue à Charles une pensée qu'elle avait probablement suscitée elle-même par ses reproches: "C'est peut-être Charles qui aura dit qu'il n'avait pas été un bon écolier," et elle explique: "Je ne l'ai jamais vu tirer vanité de ses succès de collège auxquels il n'attachait avec raison aucune importance; ces succès, dans le fait, souvent ne présagent rien pour l'avenir."[13] Ce rabâchage de pensées scolaires est surprenant après tant d'années. Cette modération rétrospective, elle ne l'avait pas montrée dans l'enfance de son fils, et on peut remonter jusqu'au moment où c'était lui plutôt que sa mère qui se montrait profondément blasé sur l'importance des études et de leurs succès, car ceux-ci semblent avoir été remportés pour lui faire plaisir à elle bien plus qu'à lui-même: une fois atteints, les succès ne signifiaient plus rien car ils appartenaient immédiatement au passé; or, c'était dans l'avenir que résidait l'espoir toujours déçu d'obtenir enfin l'approbation de sa mère, et chaque succès signifiait une étape sur une voie qui n'aboutissait à rien.

Le jeune Baudelaire n'a sûrement pas été un "mauvais élève," sa mère elle-même l'admettait sur le tard, les lettres le laissent aussi deviner; mais il ne le savait pas et se croyait coupable. Ce malentendu tragique tient à la distance énorme entre la "nonchalance naturelle" de l'enfant et les exigences de sa mère qui voulait qu'il fût "premier en tout," désir irréalisable qui dans le contexte de l'internat force à l'auto-culpabilisation. Il suffit de lire les lettres de Baudelaire enfant pour reconnaître un esprit brillant et une extraordinaire maîtrise de la langue incompatible avec la paresse intellectuelle: si bien tournées, si intelligentes et lucides, si convaincantes et adroites dans leur humilité et leur façon tortueuse de mendier l'amour d'une mère sans la provoquer ou la forcer à prendre ouvertement conscience de sa cruauté quand elle ignore les prières du fils emprisonné, ces lettres où l'enfant se montre si habile à forcer la sympathie de sa mère en s'accusant au lieu de se plaindre, ou en abondant dans son sens—"je ne

---

[13]   E.-J. Crépet, *Baudelaire* (Paris: Messein, 1906), p. 258.

puis me justifier, il vaut mieux l'apaiser par la soumission et en reconnaissant sa faute que de lui donner beaucoup de raisons banales" (28)—révèlent une profonde et précoce compréhension de l'esprit humain. Il fallait pour l'enfant soit s'aliéner tout à fait sa mère, soit la retrouver en donnant de soi l'image qu'elle voulait voir; il ne s'agissait pas d'hyprocrisie mais d'une tactique désespérée de la faiblesse.

Parallèlement au processus de culpabilisation et de démolition de l'estime de soi, on voit peu à peu se dessiner de façon paradoxale l'image d'un assez brillant élève mais si peu sûr de soi qu'il s'en doute à peine.[14] Baudelaire devenait brillant tout en anticipant dans la peur les compositions et examens les uns après les autres, comme des obstacles dont l'importance grandissait en même temps que grandissait sa capacité de les passer avec succès: plus ils étaient grands, plus il devenait brillant, mais plus il avait peur de l'échec et surtout de ne pas contenter sa mère. En grandissant, il élargissait aussi sa vision du travail, de sa portée et de ses conséquences dans la vie. On voit dès l'enfance naître ce qui sera plus tard pour Baudelaire l'obsession du temps, et la peur de l'avenir dans lequel, au lieu de promesses, il verra souvent l'échec de ses projets. A l'internat peut-être plus qu'ailleurs, on est conscient du temps, on compte les jours comme en prison, et le temps se ralentit comme les jours s'allongent et se multiplient; mais inversement, le temps se précipite et se raccourcit quand une étape menaçante se dresse, c'est-à-dire chaque épreuve de la scolarité. Dans le cadre de l'école, l'avenir est encore limité, il se partage en étapes dont chacune terrifie l'adolescent comme une menace en mettant à l'épreuve sa confiance en soi, son estime de soi, sa capacité de travailler et plus que tout, l'espoir de mériter l'amour de sa mère. Même si le temps est déjà un ennemi, ce n'est pas encore aussi grave que plus tard quand les exigences de la structure scolaire auront disparu pour laisser place aux exigences intemporelles de l'ambition poétique et que chaque étape devra être celle d'une œuvre accomplie sans que, le plus souvent, aucune intervention extérieure ne vienne fouetter le poète découragé. Dans sa maturité, Baudelaire verra le temps se ralentir jusque dans l'"engourdissement" de l'"ennui," ou au contraire se précipiter et laisser se déchaîner l'angoisse de ne jamais rien accomplir; il n'y aura plus le secours des petits buts relatifs de l'école et les interruptions qui présentent l'avenir par petites tranches successives; le poète devra se créer ces étapes et quand elles seront trop irréelles, il n'y aura plus à la limite que l'idée du suicide qui permette de créer des étapes et de fixer des limites dans lesquelles accomplir des projets. Mais dans l'enfance, au lycée, ces étapes étaient

[14] Voir L. Lemonnier, "Baudelaire à Louis-le grand," *Enquêtes sur Baudelaire* (Paris: Crès, 1926), pp. 3-13.

toutes faites et il anticipait avec terreur chaque composition, chaque examen, révélant ensuite une certaine satisfaction pour un succès ou des remords pour un mauvais résultat. Ses promesses de bon travail et de "conversion" n'étaient pas seulement des résolutions de pécheur repentant mais aussi une mise en jeu sur l'avenir, qui l'exorcisait provisoirement en rendant espoir et confiance en soi, avant que ceux-ci soient démolis derechef par les mauvaises notes et les punitions.

Les compositions sont les premières étapes de la prise de conscience du temps et de l'avenir dans la peur, puis le transfert à Louis-le-grand, avec la "petite ruse maternelle pour me faire travailler jusqu'au dernier moment," idée fixe d'une mère qui voyait en son fils une machine à travailler et à remporter des prix. Le résultat est qu'au lieu d'être heureux de se trouver à Paris, le petit Baudelaire voit dans ce changement une nouvelle cause de terreur: il entre en troisième à Louis-le-grand au lieu de continuer en seconde comme à Lyon, autre humiliation et mauvaise surprise, mais "malgré cela," écrit-il, "je crains bien de me trouver en retard," et son nouvel état lui fait peur: "Peut-être trouverai-je des préventions, plus encore de la part des maîtres que des élèves, et, dès que je dirai que je viens de Lyon, me croira-t-on plus faible que je ne suis" (37). Son beau-père l'avait présenté au proviseur comme "un cadeau" qui lui ferait honneur, mais cette assurance ne suffisait pas car il n'était pas la personne la plus importante à satisfaire; il faut noter que, quels que soient les sentiments de Baudelaire envers lui plus tard, dans son enfance il lui reconnaissait une plus grande indulgence que sa mère n'en avait: le beau-père s'enchante d'un prix, au contraire de la mère que rien ne satisfait sauf que le fils soit "premier en tout"; c'est à lui que le jeune Baudelaire montre sa crainte du concours exacerbée par les exigences de sa mère; il reconnaît la bonté avec laquelle son beau-père le gronde. Grâce à son indulgence, Aupick joue dans les lettres d'enfance de Baudelaire un rôle de second plan et il restera un ami jusqu'au moment où le problème du travail adulte prendra le pas sur le travail scolaire. A l'époque du lycée, c'est Mme Aupick qui joue le premier rôle.

Après cette étape entrevue dans la peur de l'avenir, du changement de Lyon à Paris, les compositions reprennent pour l'enfant leur rôle de petites étapes avec chacune sa dose de terreur, avant la grande confrontation suivante, le concours général: "J'ai encore fait hier pour les prix une composition détestable. J'en ferai apparemment d'aussi mauvaises au concours." Et sa peur se projette sur un avenir plus lointain et plus diffus tout en conservant l'accent sur le travail: ". . . Que ferai-je pendant les vacances? Et que ferai-je l'année prochaine? Cette rhétorique me fait peur; il me semble que je ne saurai jamais m'en tirer." Puis la crainte du concours reparaît: "Samedi prochain je ferai un dernier effort au concours pour y avoir au moins quelque chose, puisque je vois que je n'ai rien à espérer au collège" (41-42). Il est surprenant que sa peur n'ait pas été mitigée de fierté car à ce concours se présentent les champions dans le monde scolaire. Mais Baudelaire, semble-t-il, devait surtout mettre à l'épreuve sa valeur aux yeux de sa mère: une fois le concours passé, il est soulagé, c'est une épreuve comme une autre et il semble un peu blasé; quelques jours après, en effet, au lieu de sauter de joie, il écrit à sa mère une lettre minuscule: "N'oublie pas, maman, de venir chercher des livres, viens bien vite"; cette urgence se justifie par une nouvelle: "Tu seras contente, j'ai le deuxième prix de vers au concours, et par conséquent réconcilié avec Proviseur et Censeur" (42). Il est surtout, semble-t-il, réconcilié avec sa mère et plus rasséréné que fier de son succès car la crainte de l'avenir est provisoirement oubliée.

Un an plus tard, il est écrasé derechef par la perspective du concours, sans fierté et dans la même crainte de ne pas réussir. Il écrit à M. Aupick: "Voici les heures d'oisiveté qui viennent et se prolongeront jusqu'à la fin de l'année; moi, je lis continuellement. Je ne pense pas du tout aux compositions; . . . seulement le jour venu, j'y mets toute mon application." Ce calme surprend chez un enfant toujours aussi inquiet, et l'explication vient: quelque chose de pire menace: "Le concours seul me fait peur; je vois que maman a une telle envie de me voir nommé au concours que si je ne l'étais pas, elle ne me le pardonnerait pas" (57-58). Une lettre à sa mère montre moins de sang-froid et souligne les craintes et la "faiblesse" de l'élève, les exigences de la mère et la façon dont elles se renforcent mutuellement: ". . . Je pense souvent au concours; et comme je sais l'importance que tu y attaches, il me prend une espèce de peur. Je me sens si faible que je suis persuadé que je n'obtiendrai rien et qu'il y aura des larmes. Aussi j'en ressens de la peine par avance" (53). Quelques jours plus tard, il reprend le même thème sur un ton encore plus lugubre car il est envahi par un sentiment de déréliction et la tristesse du moment se répand sur l'avenir et la vie qu'il anticipe dès avant le concours: "Mes jours s'en vont un à un, bien tristement. Je sens venir la fin de l'année, et cela me fait peur, à cause du concours, où il n'y a, je crois, rien à espérer pour moi." Cet enfant parle comme un désespéré qui voit la mort à la fin des jours qui s'écoulent. Pourtant ce concours semble encore moins terrifiant qu'une autre étape qui menace: "Je sens venir la vie avec encore plus de peur. Toutes les connaissances qu'il faudra acquérir, tout le mouvement qu'il faudra se donner pour trouver une place vide au milieu du monde, tout cela m'effraie." Mais la vision d'un avenir plus proche le rassérène en s'interposant entre la menace de la vie et le présent: "Toujours je songe aux vacances, moins encore pour les plaisirs que pour le travail que je me propose . . . en vérité si j'exécutais ponctuellement ce que je me promets à moi-même, je crois que le temps me manquerait." La pensée du travail amène automatiquement celle de sa difficulté, il sent ses projets sapés d'avance par le scepticisme maternel qu'il anticipe avant de lui avoir laissé le temps de s'exprimer, comme le conditionnel des verbes le suggère: "Je sais bien [ce] que tu dis dès que je parle de projets semblables. . . ." Mais ce scepticisme le fait se raidir un moment dans son projet de travail et il envisage pour se donner des forces une nouvelle "conversion": ". . . La nécessité de la vie va bientôt venir; alors qui sait si subitement je ne changerai pas pour toujours, comme je change parfois subitement pour des devoirs de collège, alors qui sait ce que la nécessité me donnera de mémoire et d'activité?" Ce n'est pas sur sa "volonté" qu'il compte, mais sur un miracle aux effets durables pour la vie et tous ses devoirs (55-56).

Mais la tâche immense qu'il entrevoit le décompose de nouveau ainsi que le doute de jamais être à la hauteur des désirs de sa mère: ". . . Une autre chose m'effraie. Quand je commence à considérer la somme énorme des bienfaits que je te dois, je vois qu'il n'y a pas d'autre moyen de te les payer que par des jouissances d'amour-propre, des succès" (56). Baudelaire parle ici clairement le langage maternel—celui de bien des parents—selon lequel, semble-t-il, l'amour réciproque entre mère et fils est, comme dans le domaine commercial, un échange de services et de paiements, où il faut payer les bienfaits par des succès à moins de perdre son crédit. Le vocabulaire le souligne: "somme énorme," "je te dois," "payer." Il n'est plus question d'ingratitude, car ce stade est déjà dépassé, il est englobé dans l'idée d'échange et intériorisé. Il semble d'ailleurs que Baudelaire paye plus ou moins régulièrement des parcelles de dettes par des succès; comme il a dix-sept ans et que le moment de quitter le lycée est proche, il considère les plus grandes échéances à venir: le concours, la vie et la "somme énorme" que constitue le total écrasant du capital à payer. Ne pourrait-on pas voir dans cette conception de l'affection comme échange, un germe, bien obscur encore, du cynisme de la maturité à l'égard de l'amour qui, selon Baudelaire, n'est que "prostitution"? Il donnera au terme son sens étymologique, il est vrai, mais sa connotation est trop évidente pour qu'on l'ignore: l'amour, c'est "sortir de soi-même," certes, mais non sans payer de sa personne ou de sa bourse. Il devait alors payer l'amour de sa mère par des succès au lieu de le recevoir gratuitement, et en tirer déception et cynisme. Le poème en prose "Mademoiselle Bistouri" est un exemple de prostitution renversée, innocente, qui rappelle les désirs désespérés de Baudelaire enfant: une femme affamée d'affection n'a d'autre ressource que d'aimer les médecins et va les trouver même sans être malade, leur présence lui suffit: quand "je les ai dérangés *inutilement*, je laisse dix francs sur la cheminée.—C'est si bon et si doux, ces hommes-là!" Le cynisme de Baudelaire fait place à une grande compassion pour

Mademoiselle Bistouri.[15] Mais dans l'enfance, s'il n'est pas encore temps pour cynisme ou compassion, il n'est pas trop tôt pour la colère et le désespoir car il a des dettes à payer et ne sait comment le faire.

Encore des dettes pourraient-elles être payées s'il ne s'agissait que d'argent, mais ce sont des dettes morales qui ne peuvent jamais l'être avant la mort du créancier. C'est bien à cette dangereuse pensée que mène la réflexion souterraine, et Baudelaire, certain qu'il ne contentera jamais les désirs irréalisables de sa mère, entrevoit une nouvelle étape effrayante de l'avenir: "Mais ma pauvre mère, si la nature ne m'a pas fait apte à te contenter, si je suis trop pauvre d'esprit pour contenter ton ambition, alors tu mourras donc avant que j'aie pu te récompenser faiblement de toutes les peines que tu t'es données" (56). Quelles pouvaient être ces "peines" dont parle le petit Baudelaire depuis si longtemps interne? sans doute celles dont on lui avait martelé la conscience sans qu'il en sentît les bienfaits, les peines financières qu'il imposait à ses parents mais surtout les peines d'un amour-propre maternel qui ne se justifiait que dans les succès du fils. Il est possible que la pensée troublante de la mort de sa mère vienne comme un vague désir au fils malmené par les exigences de celle-ci, car, bien que privation et absence ultimes, cette mort serait aussi un véritable soulagement, la fin de l'espoir de vivre heureux avec elle, mais aussi la fin d'exigences impossibles à réaliser. Ce vague souhait reparaît ailleurs dans ces mots qui trahissent le ressentiment: "Tu ne m'écris plus du tout; . . . est-ce que par hasard mes lettres ne vous arriveraient plus? . . . Ma bonne mère, si tu savais combien je veux jouir de toi, et te rendre heureuse avant que tu ne meures" (57).

Mais cette pensée devait le faire se sentir encore plus coupable car elle en amène immédiatement une autre, à la fois autopunition et punition de la mère et de ses ambitions: il méprise tout ce qui la satisferait, tout ce qui devrait lui donner à lui l'estime de soi, i.e., les succès scolaires; elle mourra donc avant d'être satisfaite: "Je t'assure que je dis cela de bonne foi; car pour quelques succès de collège, moi qui sais comment on les obtient, je les regarde comme des choses bien vaines et bien insignifiantes, j'y trouve à peine une preuve en faveur de mon esprit." Mais il conclut, sans joie: "Enfin je travaillerai" (56). Dans son mépris des succès scolaires, il se punit en refusant toute valeur à ses efforts, et il punit sa mère en refusant toute valeur à ce qui compte le plus pour elle.

Peut-être la pensée de la mort de sa mère était-elle un simple geste pour préparer un échec au concours, mais cette association montre la gravité de l'épreuve pour Baudelaire. Quelques jours plus tard, il attend les résultats

---

[15] *Spleen de Paris*, p. 302.

sans "aucune espérance," et commente: "Ainsi voilà à quoi aboutit une année, et ce que sont les succès de collège." Le concours fini, il attend les résultats; il n'est plus question d'échange ou de mérite, et, dans la solitude, il s'en prend à lui-même de l'échec anticipé et imagine l'amour-propre blessé de sa mère et les reproches qu'elle ferait si elle était là: il préfère ne pas la voir et rester seul pour pouvoir se plaindre. Ce n'est pas pour la faire revenir qu'il se plaint, mais par dépit: ". . . Je parle de moi, simplement parce que cela m'amuse et m'occupe un peu. Je suis donc fort triste," mais aussi "de mauvaise humeur contre moi: menacé de n'avoir pas de succès; je t'avoue que mon amour-propre est cruellement vexé; j'ai beau faire le philosophe, me dire que les succès de collège ne sont rien, qu'ils ne prouvent que très peu de choses, etc., il n'en est pas moins vrai qu'ils causent un grand plaisir." L'angoisse que causait la menace d'une épreuve et qui mettait en question la satisfaction et l'affection de sa mère a fait place, une fois l'épreuve passée, à un flottement intemporel où naît la colère envers soi-même; coupable envers lui-même plutôt qu'envers sa mère, le petit Baudelaire se punit par la tristesse et s'enfonce dans l'ennui et le repli sur soi-même: "Ainsi, je m'ennuie moi-même," écrit-il, "les autres m'ennuient encore plus." C'est là un appel inavoué à sa mère qui réitère l'ambiguïté de ce qu'il écrivait plus tôt: "Ne t'étonne pas si je te dis d'un côté de rester, et si de l'autre je te raconte mes ennuis, comme pour te rappeler; je désire que tu restes là-bas si cela vaut mieux. . . ." Il est étonnant de voir quelle perspicacité lui donnent le dépit et les loisirs de la solitude.

Il se replie sur soi-même et ses amis ne sont plus rien pour lui parce qu'ils ne remplissent pas le vide que laisse l'absence de sa mère et le besoin qu'il a d'elle: ". . . Je m'ennuie. La grande raison, c'est que je ne vous vois plus. . . . Les conversations que nous faisons au collège sont souvent fort inutiles et fort ennuyeuses; aussi ai-je quitté la société de camarades avec qui je suis lié, tantôt pour me promener seul, tantôt pour aller essayer d'autres sociétés et d'autres conversations" (52). Dès l'enfance commence l'expérience décevante du "Voyage." L'ennui provoqué par la conversation des camarades vient de ce que celle-ci n'a rien à voir avec les préoccupations de l'enfant et risque peut-être même de dissiper le véritable ennui qui ne vient pas des autres mais de soi-même. Cet ennui, il ne veut pas le perdre, il le choye car il est son être; l'ennui préserve d'un désespoir qui le décomposerait, il est le foyer de son ressentiment contre sa mère qui l'a abandonné et le seul lien avec elle. Avec les camarades, "la conversation n'y a jamais que du bavardage," car elle ne supprime pas la solitude: "j'aime mieux nos longs silences . . ." (53). Baudelaire enfant voit claire- ment les raisons simples mais tragiques de son ennui: l'ennui, c'est la privation de ce qui est une part de lui-même, d'un bien et d'un bonheur qu'il trouve dans la présence de sa mère et que l'absence abolit. Pour Baudelaire adulte, cette cause ne sera plus légitime et devra devenir obscure, et au lieu de comprendre les racines cachées de son ennui il s'attachera à en peindre les "fleurs maladives."

L'ennui se glisse en lui comme un brouillard quand les pressions de l'école, les exigences de sa mère et la terreur des étapes temporelles se relâchent et lui laissent la place de s'épanouir. Quand Baudelaire est privé de "devoirs" urgents à accomplir et des reproches de sa mère, angoisse, sentiment de culpabilité et ressentiment perdent leur objet et il les retourne contre lui-même: c'est l'ennui. Ainsi, pour le lycéen comme plus tard pour le poète, l'ennui est déjà le pôle opposé au travail dont il prend la relève quand celui-ci se relâche ou n'est plus nécessaire. Inversement, quand le travail ne devient pas impossible à cause du découragement, il peut servir de remède à la tristesse et à l'ennui (41). Quand ses parents partent pour quatre mois, il écrit: "Dieu! que ce sera long! il faudra pourtant bien que je m'y accoutume. Je crois que le meilleur moyen de m'y accoutumer est d'occuper sans cesse ma pensée, de travailler" (71). Et à son demi-frère: "Je m'ennuie tellement que je vais me mettre à travailler; je veux un plaisir quelconque, et j'espère en trouver là" (79). De tels propos laissent pressentir les tourments du Baudelaire futur et la division de son être entre l'abominable paresse et la malédiction du travail. Mais entre l'ennui-paresse et le travail, comment choisir? Il ne peut qu'obéir soit à sa nature qui est mauvaise comme tout le monde s'est allié pour l'en convaincre, soit aux impératifs de sa mère qui comparés à ceux de sa nature ne représentent guère mieux qu'un moindre mal puisque son travail ne semble jamais capable de faire mériter à l'enfant aucune approbation maternelle. A cette alternative peu alléchante de travail et de paresse, pas d'autre recours que de travailler pour travailler, pour étouffer l'ennui et sans trop d'espoir de succès: "Enfin, je travaillerai." Alors finalement quand les succès scolaires et leur mérite commencent à perdre de leur importance, c'est sur le travail lui-même que se localise l'angoisse, et c'est la morne perspective d'une existence future condamnée au travail pour le travail qui terrorise Baudelaire: ". . . Plus je vois approcher le moment de sortir du collège et d'entrer dans la vie, plus je m'effraie; car alors il faudra travailler, et sérieusement; et c'est une chose effrayante à penser" (50). Ce qui est le plus terrifiant dans cet avenir est que les modes d'action propres à satisfaire sa mère et lui garantir en retour quelqu'amour de sa part ne lui seront plus dictés; en somme, c'est la liberté, à laquelle il n'était pas habitué, qui le menace et il aimerait, faute d'une autorité à laquelle obéir, au moins répondre à une vocation qui lui manque encore. A son demi-frère encore, il écrit: ". . . Parmi les inquiétudes qui me prennent, la plus forte est le choix d'une profession à venir.

Cela. . . me tourmente d'autant plus que je ne me sens de vocation à rien, et que je me sens bien des goûts divers qui prennent alternativement le dessus" (78).

En face de la dualité d'un travail à la fois futile et terrifiant—futile parce qu'il est imposé par les autres, accompli pour eux et ne peut parvenir à les contenter, et terrifiant parce qu'il reflète les impératifs de la vie adulte qui l'attend et ceux de la société bourgeoise qui fondent cette vie et qui pardonnent encore moins qu'une mère—Baudelaire choisira bientôt une autre issue dans la révolte d'une carrière littéraire, c'est-à-dire un "travail" qui ne concerne que lui-même. Les deux dernières années de lycée montrent l'émergence de cet aspect nouveau de Baudelaire, sous une forme encore négative puisqu'elle est réaction aux contraintes de l'internat mais déjà créatrice aussi dans la mesure où la littérature devient aussi importante que le travail scolaire. Le jeune Baudelaire change dans ses deux dernières années de lycée: l'enfant malheureux du lycée de Lyon, qui répondait à son emprisonnement par l'"engourdissement" et le remords, est devenu un adolescent brillant sans le savoir et toujours coupable, mais la résignation a fait place à la rage mal étouffée devant l'oppression de l'internat.

L'accumulation de ressentiments et de frustrations le fait se regimber de plus en plus contre le lycée, mais ses lettres ne laissent transparaître qu'une image estompée de sa colère, car il ne peut s'attendre à ce que sa mère soit une confidente sympathique. Alors, ce ressentiment si profond, Baudelaire le montre à l'œuvre chez les autres sur qui il le projette, ceux à qui il a donné le droit de le punir. Ses perpétuelles privations de sortie, il ne les "mérite" plus comme autrefois et les attribue à l'injustice des maîtres: "Je suis privé de sortie jusqu'à nouvel ordre pour mauvaise conduite à la salle de dessin; c'est-à-dire que le sous-directeur dont je me suis souvent moqué l'année passée a saisi cette année la première occasion de me punir, et comme un jour je faisais du bruit, il a dit que je le tourmentais depuis trois ans, et qu'il demanderait pour moi une punition extraordinaire." Plus question de remords ou d'injure faite à sa mère: "Voilà ce que c'est que d'avoir des ennemis" (65).

La plupart des dernières lettres de l'internat annoncent bien les punitions qu'il reçoit mais gardent le silence sur la rage qu'elles devaient causer et qui nourrissait le ferment de révolte encore caché. Son séjour forcé au lycée est finalement couronné de façon abrupte par son renvoi: Baudelaire refuse de remettre à un professeur un billet passé par un camarade, et l'avale. En avalant cette boulette de papier, il ne commet pas son premier crime, il ne fait que mettre le comble au désir de révolte. Dans une lettre d'excuses au proviseur, Baudelaire met l'accent sur ce qui est toujours l'essentiel pour lui, c'est-à-dire l'opinion de sa mère: "Quand j'ai vu la peine de ma mère, j'ai compris tout mon malheur et surtout le sien; aussi je viens essayer de réparer ma faute; si cela est possible." Ce qui devrait sembler une délivrance, la fin d'une période si pénible, est comme le début d'une nouvelle étape dans une carrière où tout est toujours à recommencer et où l'avenir pèse toujours comme une menace; Baudelaire se dit alors prêt à toutes les punitions pour avoir le droit de retrouver sa place au sein du milieu qui lui faisait tant horreur et de souffrir encore pour contenter sa mère et au nom de son avenir: "Comme il se peut," écrit-il au proviseur, "que cet évènement m'ait perdu dans votre esprit, ce n'est pas à ma considération que je demande ma grâce, mais pour ma mère qui est si affligée de voir ma carrière entachée au commencement" (68-69). L'adjectif "entachée" fait de l'incident un péché originel commis derechef qui noircit d'avance une carrière, et on peut imaginer le torrent de reproches, discrètement évoqué par le mot "affligée," qui a mené à une telle conclusion. Ces mots soulignent une fois de plus que c'est sur l'avenir que s'axent tous les soucis de Mme Aupick, un avenir qu'elle est parvenue à rendre si terrifiant pour son fils que cette crainte ne le quittera plus; toute faute s'inscrit dans deux dimensions temporelles qui l'aggravent: une fois commise, elle se fige dans le passé qui la rend irréparable, et elle a aussi la faculté de compromettre l'avenir. Les lettres laissent deviner que l'avenir a dû plus d'une fois être irrémédiablement compromis.

Renvoyé du lycée, Baudelaire obtenait enfin ce qu'il cherchait obscurément: "Je suis rentré dans ma famille." Ce retour payé de terribles reproches n'était que provisoire et les parents fidèles à leur mode d'action habituel, l'envoyaient bientôt en pension chez Lasègue. Dans un milieu beaucoup plus chaleureux que l'internat, il souffre pourtant de l'absence de sa mère: ". . . Malgré qu'il ne me manque rien, que je n'aie pas le droit de me plaindre, il me semble qu'il me manque quelque chose; par moments j'éprouve de la maussaderie; je crois que c'est toi qui me manques. Il me manque cette présence de quelqu'un à qui l'on dit toutes sortes de choses, avec qui l'on rit sans aucune gêne . . ." (70). Qu'il ne se sente pas le droit de se plaindre est le signe que la claustration a perdu son caractère concret pour prendre la forme d'une réalité interne. Une autre lettre reprend les mêmes thèmes sur un ton encore p lus désolé, les approfondit et montre une fois de plus le lien entre l'isolement, l'ennui et la paresse. Comme ses amis au collège, la "gaîté perpétuelle" des Lasègue l'ennuie et il s'emmure en lui-même. La conséquence de cette claustration intériorisée est un état de découragement et d'indolence qui répète l'"engourdissement" de l'internat de Lyon:

> . . . Je suis pire que je n'étais au collège. Au collège je m'occupais peu de la classe, mais enfin je m'occupais . . . maintenant *rien*, *rien* et ce n'est pas une indolence agréable, poétique, non pas; c'est une indolence maussade et

niaise. . . . Au collège je travaillais de temps en temps, je lisais, je pleurais, je
me mettais quelquefois en colère; mais au moins je vivais—maintenant
point—aussi bas qu'on peut l'être—des défauts à foison, et ce ne sont pas des
défauts agréables. (75-76)

Parler d'"indolence" est pour Baudelaire s'accuser d'une faute, et au lieu
de se plaindre, il donne ainsi à sa tristesse une dimension morale et en fait
un défaut car elle paralyse sa faculté de travailler et d'être digne de
l'amour de sa mère et de l'amour de soi: "Je suis descendu d'un cran dans
ma propre opinion." Dans l'absence de sa mère, il se trouve dans une
situation opposée à celle de Proust enfant: "Maman resta cette nuit-là
dans ma chambre," écrit Proust au souvenir de la "douceur nouvelle" de
sa mère. ". . . Ainsi, pour la première fois, ma tristesse n'était plus
considérée comme une faute punissable mais comme un mal involontaire
qu'on venait de reconnaître officiellement, comme un état nerveux dont
je n'étais pas responsable; j'avais le soulagement de n'avoir plus à mêler de
scrupules à l'amertume de mes larmes, je pouvais pleurer sans péché."[16]
Baudelaire enfant, puis adolescent, voit d'abord les effets de sa tristesse
sur son travail et la condamne: l'ennui est ressenti comme une mort
provisoire, ou comme châtiment. Au sein de ce mal, il cherche sans espoir
à trouver un remède:

> Si au moins cette vue pénible me poussait à changer violemment—mais non,
> de cet esprit d'activité qui me poussait tantôt vers le bon, tantôt vers le
> mauvais, il ne reste rien, rien qu'indolence, maussaderie, ennui. (76)

Cette dernière phrase préfigure le double sens que prendra le mot "mal"
pour Baudelaire adulte: il y a l'"ennui" qui met en danger l'œuvre et
même à l'occasion la vie du poète, et ce qu'il appelle ici "le mauvais," ou
choix délibéré du mal comme remède à l'ennui, la surenchère du "satanisme."

La claustration de l'internat et le rejet par les parents qu'elle implique
trouvaient au départ leur justification dans le travail scolaire, et l'hypothèse que le petit Baudelaire a pu les vivre comme punition se confirme
dans la façon dont l'adolescent est traité; il est puni par sa mise à l'écart et
se punit lui-même par l'ennui qui le renferme dans le cercle vicieux de la
paresse et des remords. Baudelaire appartient à une famille qui à l'image
de la société traite ses éléments problématiques par l'exclusion, le rejet,
l'emprisonnement ou l'expédition au bout du monde. Ce mode d'action
peut faire naître dans l'esprit d'un enfant le sentiment plus ou moins
conscient que s'il est traité en criminel il peut se considérer comme tel. S'il
y a crime, ce serait plutôt de laisser un enfant appréhender son être dans
le mal comme s'il était la seule source du mal, alors qu'il ne fait que
reprendre à son compte la culpabilité du crime commis contre lui.

[16] M. Proust, *A la Recherche du Temps perdu* (Paris: Gallimard, 1954), I, 57.

Il est facile de comprendre le ressentiment et la révolte de Baudelaire, et son besoin intense de jouir puis d'abuser de la liberté tant attendue qui fait irruption après les années de lycée. Ses dépenses, ses amitiés inacceptables et surtout l'affirmation de son désir d'indépendance dans le refus d'une "carrière honorable" et le projet de devenir poète l'exposent de nouveau à la répression. La punition qu'on lui impose alors dans l'espoir de le voir changer est une nouvelle forme de rejet, d'exclusion: on l'expédie aux Indes. Ce voyage, Baudelaire l'a vécu comme pénitence, emportant en bagage l'ennui. On voit souvent dans ce voyage un tournant capital dans la carrière poétique de Baudelaire car c'est la source de toutes ses images exotiques et marines, d'air et de lumière, l'occasion aussi d'un premier contact avec le sadisme.[17]

Il semble qu'un autre tournant de ce voyage qui se voulait libérateur est l'expérience contraire que fait Baudelaire, dans l'espace des mers et d'une liberté illusoire, de la véritable claustration: la répétition psychique de celle imposée à son enfance dans un état d'ennui et de dépression qu'on peut traîner jusqu'au bout du monde sans en être délivré, c'est-à-dire la claustration irrémédiable qui est celle où on s'enferme soi-même.

Les lettres du jeune Baudelaire restent comme des échos épisodiques de son enfance et de son éducation, la "sale éducation d'enfance" dira Rimbaud; on ne saurait en tirer une image complète de cette enfance, mais leur existence même et leur souci presque exclusif du travail et de sa valeur justificative laissent deviner un thème profond dont les composantes sont l'isolement et la claustration de Baudelaire enfant, au nom de son éducation, dans le milieu glacé et détestable de l'internat, la privation de sa mère dont l'absence tient à la forme de l'institution puis en tire parti en devenant volontairement punitive,—toutes choses qui mènent pour le petit Baudelaire d'un côté au repli sur soi-même, et de l'autre à ses tentatives plus ou moins avortées pour récupérer par le travail et le mérite un amour et une liberté dont il se sent privé. Le thème se dessine comme travail et absence, ou travail et présence et approbation maternelles; comme son efficacité contre l'absence est perpétuellement remise en question et que l'amour de la mère se situe dans l'avenir comme récompense problématique et insaisissable, le travail finit par prendre une dimension temporelle pour devenir promesse et appel orientés vers l'avenir et qui en retour chargent le présent d'angoisse et de tourment. D'après ce qu'écrit l'enfant Baudelaire, les lettres de sa mère ne font que répéter sans cesse la même chose, sans répondre à son souci fondamental; il

---

[17] Voir la lettre de Claude-Alphonse Baudelaire, citée dans *Lettres inédites aux siens*, pp. 207-210. Voir la lettre du capitaine Saur, E. et J. Crépet, *Baudelaire*, pp. 221-226, et celle de Mme Aupick, ibid., pp. 255-256. Voir aussi Prévost, *Baudelaire*, p. 31, et Ruff, *L'Esprit du Mal, et l'Esthétique baudelairienne*, p. 171.

semble que travail, appels et promesses ne mènent à rien. Le sentiment de futilité qui naît de l'impuissance à obtenir ce qu'on désire désespérément ou à protester contre ce qui blesse a une terrible qualité qui préfigure ce que Baudelaire appellera l'"irrémédiable."

Le travail prend ainsi une signification qui dépasse celle de simple activité scolaire pour devenir presque un moyen de salut, ou prendre au contraire un caractère de futilité si le salut reste inaccessible. Comme le salut tient au mérite, la dimension morale du travail s'accroît démesurément: l'inhibition de la faculté du travail (= paresse) qui naît de la déréliction de l'internat ou du découragement devant l'impossible, que les reproches des parents interprètent comme ingratitude, conduit à l'auto-culpabilisation, à la découverte du mal en soi et à la défiance de sa propre nature. Dans la mesure où on peut se fier à ce que disent les lettres, il semble que ce qu'Eva Kushner appelle "l'idéologie familiale" voulait qu'il se sentît coupable afin de se connaître tel qu'on le connaissait. Les sentiments réels de l'enfant Baudelaire restent ainsi voilés quand il adopte, dans le mimétisme de cette idéologie, le langage même des parents, comme dans une mesure désespérée pour se faire comprendre mais qui aboutit à l'effet contraire: ses auto-accusations et ses remords au lieu d'inspirer pardon et affection ne font que renforcer sa culpabilité aux yeux de ses parents et aux siens. Il partage avec ses parents un langage qui l'explique, l'humilie et le rassure à la fois; ainsi écrit-il à son beau-père: "Selon son habitude, M. Massoni m'a chargé de compliments désolants. Car, entre nous deux, nous savons ce que je suis." De même qu'il reprend à son compte les reproches de ses parents et particulièrement ceux qui résultent des exigences insatiables de sa mère, le petit Baudelaire nie la valeur de compliments sans attendre qu'on les réfute. Ces compliments sont "désolants" parce que cet ami de la famille ne soupçonne pas leur absurdité et le mal qui se cache sous les apparences dans un secret que partagent seuls l'enfant et ses parents, mais peut-être sont-ils encore plus "désolants" parce qu'il sent qu'il les mérite vraiment sans pouvoir pour autant les accepter puisque leur source est sans valeur: aussi ne manque-t-il pas de les mentionner en même temps qu'il les récuse. Ainsi un sentiment de dualité peut-être déjà préexistant s'accuse dans la contradiction entre la conscience de sa propre valeur—c'est-à-dire ce qui est pour Baudelaire le bien—et sa négation officielle ou affirmation du mal en lui.

Le travail, ou plus exactement la difficulté qu'a l'enfant puis l'adolescent à obéir aux exigences de sa mère, apparaît dès les premières années d'internat comme la manifestation visible, comme le véhicule du malheur de sa vie. Sans doute ne faut-il pas attribuer seulement à l'internat et aux conditions de son éducation toutes les causes de ce malheur, mais on peut dire qu'ils y ont fortement contribué. Bachelard écrit, à propos de Lautréamont, que "la période culturelle de l'adolescence a été, pour Isidore Ducasse, une période douloureuse, intellectuellement névrosante." Sans doute pourrait-on en dire autant pour Baudelaire. Bachelard souligne le caractère brutal de la "brimade," mais celle-ci n'est qu'un aspect d'un milieu—l'internat du lycée—généralement emprisonnant qui est lui-même une vaste brimade officielle imposée à l'enfant banni de sa famille, et qui ne pouvait qu'approfondir la "fêlure" originelle. Bachelard note que,

> d'une manière générale, une psychanalyse plus intellectualisée que la psychanalyse classique gagnerait à considérer de plus près les circonstances de la culture. Une psychanalyse de la connaissance ne tarderait pas à découvrir dans la couche sédimentaire—au-dessus de la couche primitive explorée par la psychanalyse freudienne—des complexes spécifiques, des "complexes culturels" résultant d'une fossilisation prématurée.[18]

Les lettres de l'enfance et de l'adolescence de Baudelaire laissent entrevoir la formation de certains "complexes culturels" qui se manifestent dans le véhicule du travail et montrent en germe bien des tourments du poète futur dans ce qui est essentiellement le cercle vicieux constitué par l'intéraction de l'internat et de ce qu'on exigeait de l'enfant: dans la détresse d'un exil qu'il ne pouvait comprendre et qui le menait parfois au découragement dans la déréliction, le petit Baudelaire accusé d'ingratitude a été forcé de découvrir en lui-même le mal et une nature jugée mauvaise; il a intériorisé la situation concrète de sa claustration, de l'isolement et de l'absence pour en faire l'ennui de toute sa vie; il a découvert la crainte de l'avenir et les menaces du temps, et finalement l'ambivalence du travail à la fois futile et inévitablement nécessaire—futile puisqu'il voyait qu'en dépit de ses efforts il ne pourrait jamais acquitter à sa mère la somme incalculable de sa dette et mériter suffisamment son amour, mais nécessaire pour tenter néanmoins de le faire et remplir la vocation qui naissait en lui—c'est-à-dire l'ambition, ou aspiration à faire reconnaître sa valeur et son talent par un plus vaste public qui compenserait par la gloire littéraire son échec auprès de sa mère.

---

[18] G. Bachelard, *Lautréamont* (Paris: Corti, 1939), p. 62.

IV

Lettres de la Maturité de Baudelaire
La Difficulté du Travail et le Mythe de l'Héroïsme

Les lettres de Baudelaire enfant qui viennent d'être étudiées jettent un jour nouveau sur celles de l'adulte en montrant comment l'intéraction de l'internat, de l'exil affectif et du besoin de l'enfant, et des exigences maternelles ont contribué au problème du travail, dans l'enfance et peut-être aussi dans la maturité: pour Baudelaire adulte, le même problème se pose, avec une bien plus grande acuité, car il met en question non seulement le bonheur de l'homme mais aussi la réalisation de l'ambition du poète. Au lieu de se laisser fasciner par la ressemblance entre les lettres des deux âges, on cherchera le sens de la continuation de mêmes soucis, leur évolution, pour suggérer finalement une explication qui les embrasse tous.

D'après les lettres de Baudelaire adulte à sa mère, l'accomplissement de l'œuvre semble perpétuellement remis en question à cause des problèmes et des tourments qui lui font obstruction et paralysent la faculté de travailler. Ce n'est donc pas du souci esthétique que peut comporter la notion de travail qu'il est surtout question dans ces lettres, souci de style ou de perfection du langage, mais du travail dans son sens le plus banal, prosaïque qui est la condition *sine qua non* de l'œuvre que Baudelaire a le "devoir" d'accomplir. En premier lieu, les lettres décrivent les obstacles qui gênent la faculté créatrice, la multitude des difficultés qui ont tourmenté le poète. Il n'est pas toujours facile de déceler un problème à l'état pur, car chacun se trouve enlacé dans tout un réseau de difficultés, chaque lettre formant comme un petit système de "correspondances" qui dénote la complexité d'une situation. Il faut donc extraire arbitrairement de ce réseau quelques problèmes spécifiques pour voir comment le travail est associé, plus ou moins directement, avec tous les autres tourments, et peut servir de thème unificateur.

90

Villanelle: Tikkun Olam
Repairing the World

By Jackie Osherow

Should I ask the obvious? Why would God
create a world requiring repair?
And what was He thinking when He called it good?

Unless *the perfect is the enemy of the good*
was His motto too. Maybe Voltaire
was making an obvious reference to God

who clearly got in way over His head—
as if banning a piece of fruit was the answer,
not to mention thinking knowledge of good

and evil was the sin He should forbid.
My guess is He didn't imagine murder
until Cain made it obvious. Poor God

No wonder He had that temper tantrum-cum-flood.
Be He couldn't follow through, couldn't bear
to think of forfeiting whatever good

He had, albeit haphazardly, created
and so this somewhat slipshod world's still here.
Do you think *we* might do any good?
Obviously, there's no point in asking God.

Le problème le plus évident et qui donne un caractère particulièrement frappant aux rapports du poète avec sa mère est celui de l'argent, car chaque lettre s'y rapporte. Baudelaire souffre d'un besoin perpétuel d'argent, compte sur sa mère pour le tirer de tous les mauvais pas et chaque lettre qu'il lui écrit contient une demande de secours. Son ton varie de l'humilité à l'exigence insolente, du remords à l'affolement: "Ma chère mère, sans discussion aucune, il me faut à tout prix—à tout prix— *entends-tu bien? à tout prix,—aujourd'hui même*, la somme de deux cents francs. . . . Si je n'ai pas cet argent, j'ignore . . . ce que je vais devenir, je n'ai qu'à brûler mes livres, ne plus m'occuper de rien . . ." (6 fév. 1854).[1] Il écrit aussi: ". . . Je viens te prier très instamment de venir à mon secours, *si tu peux*, pour cette fin de mois . . ." (II, 236:1862). Humilié par sa dépendance financière, Baudelaire attend parfois pour mendier des moments de gêne aiguë, il est ébloui par une générosité inattendue de sa mère, mais devient aussi furieux de la "philanthropie" de celle-ci.

Dans son étude sur Baudelaire, Mauron a interprété ces continuelles demandes d'argent comme des manifestations symboliques de besoin d'amour et des signes de dépendance envers la mère, et les dépenses qui les provoquent comme des moyens de soulager un état d'angoisse permanent: "La faillite ne fut pas financière," écrit Mauron.[2] Ruff voit dans la misère et le désordre de la vie de Baudelaire une pauvreté voulue et les conséquences d'un choix dicté par ses "exigences spirituelles" aux dépens d'une réussite que lui gagneraient "un peu moins de scrupules, un peu plus de complaisance envers soi-même, envers le public, envers les éditeurs. . . ."[3] Ces interprétations ne s'excluent pas l'une l'autre, mais pour Baudelaire, dans l'immédiat, "le problème de ma vie est un de ceux pour lesquels je jetterai ma langue aux chiens" (II, 111:1860). Quelle que soit la cause du manque d'argent, ses conséquences immédiates sont la misère, le désordre, le désespoir et l'impossibilité de travailler. ". . . Pour mettre des idées et des images sur le papier, il faut un certain entrain, une certaine gaîté d'esprit, incompatibles avec les grandes inquiétudes et les grandes colères, d'où il suit que trop de chagrin empêche de gagner de l'argent" (II, 117:1861). Si Baudelaire avait comme tout le monde cet espoir de voir son travail lui rapporter, il ne semble pas pourtant qu'il considère le travail comme moyen de gagner de l'argent autant que l'argent comme moyen de travailler, en liberté, sans souci, sans angoisse:

> . . . Ma tête ne peut contenir à la fois tant d'ignobles et vulgaires tracasseries, et la préoccupation constante d'un ouvrage qui veut être bien fait. . . . Et

[1] *Correspondance*, I, 264. (Dans ce chapitre et dans le suivant, les fréquentes références à la *Correspondance* de Baudelaire seront suivies dans le texte du volume et du numéro de la page.)
[2] C. Mauron, *Le dernier Baudelaire* (Paris: Corti, 1966), p. 24.
[3] M. Ruff, *L'Esprit du Mal, et l'Esthétique baudelairienne*, p. 280.

pour comble de ridicule, IL FAUT qu'au milieu de ces insupportables secousses qui m'usent, je fasse des vers, l'occupation la plus fatigante qui soit pour
moi. (I, 3ll:1855)

Ainsi justifie-t-il aux yeux de sa mère, comme le seul moyen de travailler
avec un espoir de succès, les emprunts continuels qu'il lui fait: "Je manque
de tout," mendie-t-il; "il s'agit donc d'un sacrifice plus gros ou d'une
avance plus grosse que de coutume." Cet argent serait comme un place-
ment heureux: ". . . J'en retirerai, et presque immédiatement, d'immenses bénéfices; avant tout, plus de perte de temps. C'est là ma plaie, ma
grande plaie." Il brode sur le thème financier, jouant sur le double sens
des mots, pour essayer de convaincre sa mère de venir au secours du
génie: ". . . Il y a quelque état plus grave encore que les douleurs physiques, c'est la peur de voir s'user et péricliter, et disparaître, dans cette
horrible existence pleine de secousses, l'admirable faculté poétique, la
netteté d'idées, et la puissance d'espérance qui constituent en réalité mon
capital" (I, 327:1855). Baudelaire associe à tout moment la pauvreté et
l'impossibilité de travailler:

> Supposez une oisiveté perpétuelle commandée par un malaise perpétuel,
> avec une haine profonde de cette oisiveté, et l'impossibilité absolue d'en
> sortir, à cause du manque perpétuel d'argent. . . . L'oisiveté me tue, me
> dévore, me mange. Je ne sais vraiment pas comment je possède assez de force
> pour dominer l'effet désastreux de cette oisiveté, et posséder encore une
> lucidité absolue d'esprit, et une espérance perpétuelle de fortune, de bon-
> heur et de calme. (I, 142-143:1847)

C'est un cercle vicieux qui l'emprisonne et lui fait voir sa vie comme un
"enfer" et soi-même comme un "damné"; le secours de sa mère lui vien-
drait comme le "salut" (I, 146:1847).

D'autres problèmes contribuent à rendre la vie de Baudelaire "horrible," "abominable": les soucis d'impression et d'édition qu'il trouve particulièrement exaspérants et ennemis de son travail; des créanciers, des
importuns le poursuivent et l'empêchent de travailler: "Il y a un tas de
fainéants et de méchants qui me font perdre mes journées par leur
visites—je vais me faire fermer hermétiquement" (I, 285:1854). Il y a aussi
sa maîtresse: Jeanne Duval perd dans les lettres tout l'attrait dont elle
resplendit ailleurs, elle apparaît comme un fardeau, ou un fléau activement occupé à compromettre l'œuvre du poète et dont il devait se débarrasser afin d'écrire, en fait ou en esprit, qu'elle vive auprès de lui ou
ailleurs:

> Je suis obligé de travailler la nuit afin d'avoir du calme et d'éviter les insuppor-
> tables tracasseries de la femme avec laquelle je vis. Quelquefois je me sauve de
> chez moi, afin de pouvoir écrire. . . . Il en résulte en moi un état de colère
> perpétuel. Certes ce n'est pas ainsi qu'on peut faire de longues œuvres. . . .

Jeanne est devenue un obstacle non seulement à mon bonheur, ceci serait peu de chose . . . mais encore au perfectionnement de mon esprit. . . . Jamais les grands devoirs que j'ai à accomplir, paiement de mes dettes, la *conquête* de mes titres de fortune, l'acquisition de la célébrité, le soulagement aux douleurs que je t'ai causées, ne se pourront accomplir dans de pareilles conditions. (I, 191-192, 193:1852)

Jeanne a mis la touche ultime aux caractères de la "femme immonde" comme destructrice de l'œuvre poétique, et le misogyne s'écrie: "Engendrer est la seule chose qui donne à la femelle l'intelligence morale . . ." (même date). Mais deux ans plus tard, toujours seul, vivant dans la pauvreté et le désordre, il a un nouveau plan: "Je rentrerai dans le concubinage, . . . chez Melle Lemer . . . [ou] chez *l'autre*. Il me faut à tout prix *une famille*; c'est la seule manière de travailler et de dépenser moins" (I, 302:1854). Après une autre rupture, il se sent de nouveau dépossédé de sa puissance créatrice:

Il m'a fallu beaucoup de temps . . . tant la secousse a été violente, pour comprendre que peut-être le travail me donnerait des plaisirs, et qu'après tout, j'avais des devoirs à remplir. J'avais devant mon esprit un éternel: à quoi bon? . . . Je ne travaille encore qu'avec distraction, et je m'ennuie mortellement. Il y a encore des moments où tout m'apparaît comme vide. (I, 356-358:1856)

Quelle est la responsabilité d'une maîtresse dans la difficulté du travail de Baudelaire? Présente ou absente, sa nocivité reste la même, et sans doute est-elle en partie un prétexte. On voit en effet combien aisément dans ses plaintes sur ses difficultés Baudelaire glisse de celles-ci à leurs conséquences, insupportables dans la vie quotidienne, et désastreuses dans le domaine créateur, mais laisse deviner que ces problèmes extérieurs sont surtout des excuses qu'il met en avant sans trop y croire ni espérer que sa mère y croie; car ces problèmes voilent et ne font que multiplier et rendre encore plus insurmontable le vrai obstacle, bien plus profond et dévastateur, la difficulté de travailler ou "vice effroyable" de la paresse qui est la vraie cause de ses tourments: ". . . Il m'a été *démontré* cette année, que je pouvais réellement gagner de l'argent, et avec de l'application et de la suite, beaucoup d'argent. —Mais les désordres antécédents, mais une misère incessante, un nouveau déficit à combler, la diminution de l'énergie par les petites tracasseries, enfin, pour tout dire, mon penchant à la rêverie ont tout annulé" (I, 213:1853). Car la rêverie est inaction bien plus que source de poésie; cet euphémisme entre dans la terminologie de la paresse avec léthargie, manque de volonté, indécision, marasme, spleen, ennui, découragement, sentiment de l'absurde, l'éternel "à quoi bon," etc., affections diverses qui résultent toutes en improduction. En 1857, l'année des *Fleurs du Mal*, Baudelaire écrit qu'il ressent "un immense découragement . . . une défiance complète de mes forces, une absence totale de désirs. . . ." Son livre est comme s'il n'existait pas: "Le succès bizarre de mon livre et les haines qu'il a soulevées m'ont intéressé un peu de temps, et puis après cela je suis retombé. . . . Voilà une situation d'esprit passablement grave pour un homme dont la profession est de produire et d'habiller des fictions. —Je me demande sans cesse: à quoi bon ceci? A quoi bon cela? C'est le véritable esprit de spleen" (I, 437-438:1857). Les faux problèmes se sont évaporés pour révéler le vrai.

La difficulté créatrice que Baudelaire appelle sa paresse fait se poser bien des questions qu'on ne songerait même pas à poser à propos de beaucoup d'écrivains ou d'artistes. Comme eux, Baudelaire voudrait créer une œuvre mais désespère d'y parvenir, et se sachant poète, conscient de sa faculté poétique et d'un talent exceptionnel, il rage contre sa difficulté de passer du désir à l'acte. Pourtant son œuvre semble démentir cette impuissance en montrant en Baudelaire un grand poète et critique. Mais s'il ne restait que ses lettres à sa mère, on les admirerait sans doute comme celles d'un velléitaire de grand talent. Devant l'œuvre de Baudelaire, elles semblent paradoxales, et on se demande pourquoi elles témoignent d'une impuissance créatrice, d'un sentiment d'incomplétude de l'œuvre. On se demande aussi pour commencer de quel ordre est le travail que Baudelaire trouve si difficile, c'est-à-dire quelle partie de son œuvre a été le plus affectée. Il est difficile de le déterminer d'après les lettres, car la paresse récurrente est un état négatif qui paralyse indifféremment toute forme de création. Marasme, paresse ou spleen désespèrent Baudelaire, il y voit la ruine de ses ambitions: "Je mourrai sans avoir rien fait de ma vie," écrit-il. ". . . Depuis plusieurs mois je suis malade . . . de lâcheté et d'affaiblissement" (II, 84:1860). De même lorsqu'il écrivait *"j'ai eu toutes les peines du monde à me remettre au travail.* Encore devrais-je effacer le RE, car je crois que je ne m'y suis jamais mis" (I, 177:1851), rien n'indique l'objet de ces "peines" ni à plus forte raison la nature de ce qui n'a pas été fait, on voit surtout que la difficulté créatrice tend à rendre souvent le travail odieux et pénible.

La grande entreprise de traduction de Poe, d'une œuvre à la pensée proche de la sienne qui le transportait d'admiration, apparaît dans les lettres comme une des moindres victimes de la difficulté, alors que selon Asselineau Baudelaire fuyait cette tâche relativement agréable.[4] Pour Pichois, ces traductions étaient une "caution bourgeoise," un moyen pour Baudelaire de prouver à sa mère qu'il n'était pas incapable de succès littéraire puis financier.[5] Dans le domaine créateur, cette tâche devait être

---

[4] E.-J. Crépet, *Charles Baudelaire*, pp. 290-292.
[5] C. Pichois, *Baudelaire: Etudes et témoignages* (Neuchâtel: la Baconnière, 1967), p. 246.

la plus aisée, puisque la traduction repose sur l'œuvre préexistante d'autrui, comme la critique—celle-ci dans une moins grande mesure—alors que la poésie est une création *ex nihilo*. La traduction semble donc aussi être caution personnelle contre l'improduction. "Il est remarquable," écrit Mauron, "que Baudelaire ait travaillé plus régulièrement et aisément comme critique d'art et traducteur que dans ses œuvres d'imagination. Les œuvres d'art créées par autrui étaient pour lui à distance *optima*."[6] Ce travail plus facile, plus artisanal était aussi moins dangereux que la découverte puis la révélation de l'être profond dans la poésie. Écrire des vers est chose très difficile pour Baudelaire selon les lettres, "la chose la plus fatigante qui soit pour moi" (I, 311:1855). Il proteste contre un appel de sa mère à sa facilité, son talent prometteur de succès: "Je ne sais combien de fois tu m'as parlé de *ma facilité*. C'est un terme très usité qui n'est guère applicable qu'aux esprits superficiels. Facilité à concevoir? ou facilité à exprimer? Je n'ai jamais eu ni l'une ni l'autre, et il doit sauter aux yeux que le peu que j'ai fait est le résultat d'un travail très douloureux" (II, 457:1865). Sur le *Spleen de Paris*, il écrit comme avec lassitude: "De temps en temps je me remets à mes poèmes en prose. . ." (même date). Après la condamnation des *Fleurs du Mal* et l'échec décevant de cette œuvre née du "travail très douloureux," il écrit: "Je frissonne de paresse en pensant qu'il faudra, pour que ce livre puisse se vendre légalement, le réimprimer tout entier, et composer six poèmes nouveaux pour remplacer les six condamnés" (I, 436:1857). Est-ce par miracle que ces six poèmes seront remplacés par vingt-cinq autres magnifiques poèmes? Un autre passage des lettres vient démentir à la fois miracle et impuissance créatrice; Baudelaire écrit à sa mère: "J'ai fait un tas de vers, et je m'arrête, d'abord parce que j'ai des choses plus pressées et plus fructueuses qui attendent leur conclusion, ensuite parce que cette fécondité n'aurait jamais de fin . . ." (I, 645:1859). Ces choses "plus fructueuses" sont essentiellement des travaux de critique qui, tout pleins de promesse qu'ils semblent, seront accomplis avec la même douleur comme en témoignent les lettres où Baudelaire se plaint de ses accouchements pénibles: son "cerveau n'accouche qu'avec le forceps," écrivait-il à Calonnes (I, 537:1859). Il reste finalement bien des projets du poète et du critique qui malgré l'importance qu'il leur accordait en imagination ne verront jamais le jour: drames, romans, histoire, étude sur Machiavel et Condorcet, tous mentionnés dans les lettres—et d'autres mentionnés ailleurs, en particulier les projets de poèmes en prose ou d'un essai sur le dandysme dont il parle sans cesse dans sa correspondance et qu'il n'écrira pas.

---

[6] C. Mauron, "La Personnalité affective de Baudelaire," *Orbis Litterarum*, XII, fasc. 3-4 (1957), 203-221, 219.

Il est donc difficile de déterminer vraiment quelle part de l'œuvre de Baudelaire a le plus souffert de la difficulté du travail; tout, semble-t-il, en a souffert. Les lettres respirent une profonde désillusion à cet égard qui semble même obscurcir et minimiser ce que Baudelaire a effectivement écrit, pour souligner en fin de compte ce qui n'a pas été fait et qui aurait dû l'être. Bien des lettres expriment cette désespérance, comme celle-ci:

> . . . Il n'y a rien de plus désagréable que d'écrire à sa mère, l'œil fixé sur la pendule; mais je veux que tu reçoives demain quelques mots d'affection et quelques bonnes promesses, dont tu croiras ce que tu voudras.

> J'ai la détestable habitude de renvoyer au Lendemain tous mes devoirs, *même les plus agréables*. C'est ainsi que j'ai renvoyé au lendemain l'accomplisse-ment de tant de choses importantes pendant tant d'années, et que je me trouve aujourd'hui dans une si ridicule position, aussi douloureuse que ridicule, malgré mon âge et mon nom.

Les "choses importantes" ne sont pas que le travail, mais celui-ci est au premier rang:

> Tout ce que je vais faire, ou tout ce que j'espère faire cette année, j'aurais dû et j'aurais pu le faire dans celle qui vient de s'écouler. Mais, je suis attaqué d'une effroyable maladie. . . *la rêverie, le marasme, le découragement* et *l'indéci-sion*. . . . Mais comment guérir? Comment avec la désespérance faire de l'espoir; avec la lâcheté faire de la volonté. . . .

Cette maladie, à la fois morale et psychologique, irréelle et physique, demeure incompréhensible:

> Cette maladie, est-elle imaginaire ou réelle? Est-elle devenue réelle après avoir été imaginaire? Serait-elle le résultat d'un affaiblissement physique, d'une mélancolie incurable. . . . Je n'en sais rien; ce que je sais, c'est que j'éprouve un dégoût complet de toutes choses . . . et que le seul sentiment par lequel je me sente encore vivre, est un vague désir de célébrité, de vengeance et de fortune. (II, 341-342:1863)

Cette lettre désespérée, riche de questions sans réponses, Baudelaire l'a écrite cent fois sous une forme ou une autre, avec un sentiment plus ou moins profond de son impuissance. Retenons-en deux points, de l'intro-duction et de la conclusion: l'idée de "promesses" que Baudelaire fait à sa mère, puis celle du "vague désir de célébrité" qui se maintient malgré le désespoir. Ce sont deux éléments récurrents des lettres, signes de deux désirs fondamentaux de Baudelaire: son ambition immense, et son désir de satisfaire sa mère pour mériter son amour.

Baudelaire n'unifie pas ces deux projets, il garde à chacun son identité, mais ils sont toujours présents ensemble; apparentés dans leur but, ils devraient se renforcer mutuellement: le succès satisfairait l'ambition du poète et son estime de soi, en même temps qu'il satisferait la mère. Les deux projets ne sont donc pas *a priori* incompatibles, mais selon les lettres, ce qu'ils ont surtout en commun est l'échec. La cause de cet échec, la paresse, Baudelaire ne peut décider sur sa nature, elle est faiblesse, maladie, vice, et il fluctue entre l'auto-accusation et l'incompréhension. D'un point de vue plus moderne, la paresse n'est pas un vice mais une inhibition, une obstruction au libre fonctionnement de l'être et de l'esprit, et dans la mesure où cette liberté se manifeste idéalement dans le travail accompli sans effort, la paresse est obstruction à la liberté de travailler. C'est pourquoi Baudelaire envie tant Gautier: "Heureux homme! homme digne d'envie!. . . Homme doué d'une faculté unique, puissante comme la Fatalité, il a exprimé sans fatigue, sans effort, toutes les attitudes, tous les regards, toutes les couleurs qu'adopte la nature. . . ."[7]

Qui dit inhibition, obstruction dit conflit entre des désirs ennemis, des impulsions contradictoires. Le conflit pour jouer son rôle doit rester caché et ses effets demeurent par conséquent incompréhensibles: "Cette dispro-portion entre la volonté et la faculté est pour moi quelque chose d'inintelli-gible" (I, 214:1853). Pour Baudelaire, le conflit n'est pas évident, car ses désirs lui semblent parfaitement compatibles, mais c'est pourtant lui qui dans ses lettres en révèle les éléments. Il s'agit donc d'oublier le lien qui existe pour Baudelaire entre les deux désirs et de les analyser indépen-damment l'un de l'autre, voir s'il y a entre eux une tension, et s'ils ne sont pas contradictoires en dépit des apparences et des affirmations de Baude-laire.

Les quelques passages qui ont été cités comme introduction au pro-blème du travail dans les lettres de Baudelaire à sa mère montrent bien le ton et le contenu des plaintes qu'il profère, mais en dépit de leur nombre ils ne rendent pas compte de l'effet total qui naît de leur inlassable répétition. On s'étonne de ces plaintes chez un homme qui est devenu l'un des plus grands poètes français et qui assurait que son livre "avec ses qualités et ses défauts, [ferait] son chemin dans la mémoire du public lettré, à côté des meilleures poésies de V. Hugo, de Th. Gautier et même de Byron" (I, 411:1857). Mais ce livre semble en même temps n'être qu'une étape, pas insignifiante certes, mais insuffisante dans la mesure où elle ne réussit pas à nourrir un sentiment de satisfaction qui tend perpé-tuellement à s'évaporer, insuffisante aussi par rapport au but immense que Baudelaire conçoit.

Ainsi la difficulté du travail, la "paresse," apparaît non seulement comme obstacle à l'effort immédiat mais prend tout son sens en fonction d'un but qui risque de ne pas s'accomplir: à la lecture de ses lettres à sa mère, on devine que Baudelaire a une ambition immense; il se connaît

---

[7] *Réflexions sur quelques-uns de mes Contemporains, Théophile Gautier*, p. 724.

d'avance une "destinée" de poète (I, 155:1848); il a faim de gloire: "Il y a beaucoup de gens qui considèrent ou font semblant de considérer la gloire comme une chose *vaine*. Pour moi, j'avouerai simplement qu'elle me paraît le bien le plus positif et le plus solide du monde, mais peut-être aussi le plus difficile à acquérir" (II, 489:1865). En 1856, il écrit: ". . . J'ai une soif diabolique de jouissance, de gloire et de puissance" (I, 360). Il a une "immense ambition poétique" qui lui fait anticiper les faveurs de la postérité—". . . Je crois encore que la postérité me concerne"—et il considère l'accomplissement de cette ambition comme un fait pré-établi: "Plus il s'est écoulé de temps entre le jour de la naissance, et l'instant marqué pour le succès, plus il faut aller vite et profiter du reste" (I, 144-146:1847). Dans *Mon Cœur mis à nu*—livre dont il dit à sa mère que "si jamais celui-là voit le jour, les *Confessions de J.-J.* paraîtront pâles" (II, 141:1861)—il invoque le souvenir de ce Jean-Jacques: "Parce que je comprends une existence glorieuse, je me crois capable de la réaliser. O Jean-Jacques!"[8]

La certitude d'une vocation grandiose se traduit dans les premiers vers de "Bénédiction" où Baudelaire affirme que c'est "par un décret des puissances suprêmes" que "le Poète apparaît dans ce monde ennuyé." Mais les lettres à sa mère montrent bien plus la survivance tenace de l'ambition au milieu des vicissitudes du vécu. Ainsi ce sens si clair d'une destinée à remplir, d'une vocation glorieuse s'accompagne inévitablement de pessimisme quant à sa réalisation: ses "illusions . . . ont disparu," écrit-il en 1852 (I, 194). Il parle de sa "célébrité, si indolemment cherchée jusqu'à présent, et désormais si douloureuse à conquérir . . ." (I, 403:1857). Des années plus tard, il se dit "intimidé . . . de la peur de ne pas réussir . . ." (II, 505:1865). Mais il montre aussi parfois une sombre satisfaction, écrivant ainsi en 1861: "Les *Fleurs du mal* sont finies. . . . Pour la première fois de ma vie, je suis presque content. Le livre est *presque bien*, et il restera, ce livre, comme témoignage de mon dégoût et de ma haine de toutes choses" (II, 113-114:1861). Le doute, le pessimisme viennent de ce que le caractère grandiose du but que Baudelaire rêve d'atteindre sans jamais l'atteindre transforme la simple difficulté en obstacle, et l'obstacle lui-même, dans la mesure où il est présent, immédiat, réel, concret apparaît comme d'autant plus redoutable que le but est plus lointain, immense et par conséquent vague, non délimité, imprécis. Le but d'"être" un grand poète est compromis par la difficulté qu'il y a à le "devenir" et en même temps, par un cercle vicieux, c'est ce désir grandiose qui multiplie lui-même la difficulté; car travailler en gardant constamment à l'esprit ce but dans toute sa magnitude et son imprécision fait se dérober l'énergie

---

[8] *Mon Cœur mis à nu*, p. 1269.

nécessaire à la tâche immédiate, donne aux petits travaux par lesquels se construit une œuvre un caractère insignifiant et sans proportion avec l'ambition totale, et rend le but encore plus inaccessible et l'effort encore plus vain en apparence—et de la fierté que le poète ressent dans l'anticipation de la gloire, il tombe dans le désespoir de jamais l'atteindre. Ainsi peut-il s'écrier: "Je mourrai sans avoir rien fait de ma vie" (II, 84:1860), et plus tard, poursuivi par l'"idée fixe" de la mort: ". . . Je n'ai pas exécuté encore le tiers de ce que j'ai à faire dans ce monde" (II, 433:1865).

Le concept de totalité glisse logiquement de l'œuvre entière à ses éléments constitutifs et rend un seul livre presque aussi difficile à produire que la gloire à conquérir: "Comme il est difficile de faire son devoir *tous les jours* sans interruption aucune! Comme il est difficile, non pas de penser un livre, mais de l'écrire sans lassitude,—enfin d'avoir du courage tous les jours!—J'ai calculé que tout ce que j'ai depuis longtemps dans la tête, ne m'aurait coûté que quinze mois de travail, si j'avais travaillé assidûment" (II, 432:1865). Considérer la totalité d'un livre et le voir achevé dans l'imagination avant de mettre en œuvre les moyens de l'élaborer décourage, menace même de paralysie l'effort pour l'accomplir puisque la perfection anticipée ne se laisse capturer qu'au travers d'étapes d'autant plus imparfaites que le but est parfait.

En effet, un livre n'existe pas tant qu'il n'est pas écrit, quelle que soit la puissance d'imagination qui va jusqu'à lui prêter un semblant d'existence; concevoir n'est pas faire: ce n'est pas le livre qui rôde dans l'imagination mais son désir. Plus un livre est conçu d'avance dans sa totalité et sa perfection, plus son exécution est peut-être difficile, car il ne s'agit pas seulement de transformer un objet imaginaire en chose tangible mais de commencer par le décomposer, presque le mettre à mort, avant de le reconstituer, parcelle par parcelle, le ressusciter à partir de fragments rétifs qui ne retrouvent vie et sens qu'une fois le livre achevé et que lui est enfin restituée une totalité, une cohérence sans doute incomparablement moins belle que son Idée, et une signification peut-être infidèle à l'intuition primitive. C'est comme une chose vivante que Baudelaire voudrait mettre au monde tout entière, de même qu'il veut "conquérir la gloire d'un seul coup," et dont l'accouchement au forceps blesse la création et donne au créateur d'immenses douleurs. De telles douleurs s'expliquent dans la mesure où le désir de perfection est si grand, où le "livre" auquel pense Baudelaire n'est que parcelle de l'œuvre achevée et glorieuse du poète idéal. Ainsi se comprend en partie ce que Baudelaire appelle sa paresse, elle est répugnance profonde à s'accommoder de l'imperfection provisoire mais nécessaire qui sert d'étape intermédiaire, elle est découragement devant cette imperfection au nom de la perfection, et c'est au nom de la perfection aussi que par contrecoup la paresse est condamnée comme le plus grand des vices, celui qui enferme le poète dans son imperfection.

L'idée de gloire s'apparente en quelque sorte à celle de l'"'idéal" conçu par Baudelaire, désiré mais inaccessible sinon "au-delà du tombeau." La gloire est une chose que Baudelaire voudrait conquérir en bloc et pas par petites parcelles et sans avoir à attendre avec patience et humilité la faveur aléatoire du public; il la conçoit d'avance dans sa totalité, s'en félicite en rêve sans y voir l'accumulation d'accomplissements partiels: la gloire est comme l'idéal ou la participation mystique qui ne se mesurent pas en degrés mais doivent être saisis grâce à un décalage par rapport au réel, un saut imaginaire entre deux états qui n'ont pas de commune mesure. On n'accède de plain-pied ni à l'idéal ni à la gloire, et quand on en a un désir profond, l'impossibilité de leur possession immédiate, au lieu d'éperonner l'énergie, peut provoquer la résignation, le désespoir ou la fureur et faire en sorte qu'on se sent prisonnier du réel, prisonnier de l'impuissance. Dans un de ces moments de grave impuissance, Baudelaire écrit: "Je suis dans cet état horrible que j'ai éprouvé dans l'automne de 1844. Une résignation pire que la fureur" (II, 152:1861).

La résignation est "pire que la fureur" car celle-ci représente encore sinon action, du moins réaction. La "fureur" seule peut le sauver; mais il lui faut d'abord descendre jusqu'au fond du gouffre de la paresse et du marasme, du mépris de soi-même, de l'imperfection absolue, du sentiment de défaite devant l'"'idéal rongeur" qui ne mène qu'au silence et à la mort de l'ambition, avant que la fureur contre soi-même renaisse pour le faire rebondir et fasse revivre l'idée de gloire qui, si elle est cause de découragement, est aussi le seul remède qui nourrisse le désir de travailler. Il s'éperonne dans un mouvement de fureur, de violence sur soi-même, dans une "explosion" de travail; il faut "secouer ma douloureuse lâcheté" afin de retrouver l'espérance: ". . . Je suis tombé depuis *plusieurs mois* dans une de ces affreuses langueurs qui interrompent tout. . . . Il vient toujours un moment où il faut, avec une grande douleur, sortir de ces abîmes d'indolence" (I, 435-436:1857). En juin 1863, il écrit: "Comment suis-je tombé si bas, à ce point que j'ai cru que je ne saurais plus me relever, comment . . . ai-je su *cautériser* tout d'un coup ma maladie par un travail furibond, sans répit, sans fatigue, je n'en sais absolument rien" (II, 300:1863).

Est-ce la vision du gouffre, de la déchéance, de la stérilité qui éveille par contrecoup cette fureur? ou est-ce la vieille ambition qui vient reprendre ses droits? Baudelaire semble pourtant alors dégrisé de l'idée de gloire et prêt à s'engager dans la voie aride et lente du travail, la seule qui mène au but espéré, même si celui-ci doit rester invisible longtemps. Il voudrait voir se transformer la violence en travail régulier, il montre aussi comment l'ambition contribue à la peur de l'échec total et sert, à sa manière, à montrer la voie vers l'"'habitude" du travail: "Je sais que . . . je suis une misérable créature faite de paresse et de violence, et que l'habitude seule peut servir de contrepoids à tous les vices de mon tempérament. L'oisiveté est devenue une si violente douleur, l'idée folle de mon impuissance littéraire m'a tellement effrayé que je me suis précipité dans le travail . . ." (II, 300:1863). Ce qui renaît alors, après que le cap du marasme est passé, est la nécessité du "labeur dur et forcé" dont Baudelaire parle dans "Chant d'Automne," car on n'a jamais l'impression, du moins selon les lettres à sa mère, que ce soit avec plaisir et enthousiasme qu'il se met au travail. Bien avant les lettres citées au-dessus, il écrivait déjà de pareilles choses: "J'en suis à l'exécution journalière forcée, et obligé de prendre . . . l'habitude du travail régulier" (I, 283:1854), "je me suis remis à travailler pour m'étourdir" (I, 355:1856), "je devais purement me résigner à travailler" (I, 278:1854). Ces dernières citations, tirées d'un contexte différent de celui du "marasme," montrent moins de violence, un moindre sens de l'impuissance, mais une aussi grande inappétence pour le travail, car dans la mesure où le merveilleux but escompté est la raison d'être du travail, il est aussi ce qui le rend si difficile; le travail apparaît comme une corvée à cause des difficultés qui lui font obstacle et comme un bien grand prix à payer pour la gloire puisque celle-ci est une chose que Baudelaire croyait mériter d'avance.

Baudelaire écrivait ailleurs: "La vie n'a qu'un charme vrai, c'est le charme du *Jeu*. Mais s'il nous est indifférent de gagner ou de perdre?"[9] Dans le jeu du poète, gagner c'est obtenir la gloire et l'indifférence peut être le sentiment de l'"'à quoi bon?'"; mais, si le poète persiste à jouer, le jeu ne perd-il pas un peu du risque qu'il contient pour acquérir aussi une connotation ludique? Si le travail devenait un jeu dans ce deuxième sens, il y gagnerait bien du charme, s'allégeant de son côté absolu de poursuite de la gloire, et la tension extérieure à l'acte créateur lui-même se relâchant pour que l'énergie puisse être mobilisée tout entière au service de cet acte qui deviendrait libre. C'est bien ce que Baudelaire tente de faire, sans se leurrer pourtant sur la possibilité d'un choix à cet égard: il voudrait voir dans le travail, au lieu d'une souffrance impuissante par rapport à l'idéal, une façon de vivre. Il écrit en 1862: "Comme il faut des années de fatigue et de châtiment pour apprendre les vérités les plus simples, par exemple que le travail, cette chose si désagréable, est l'unique manière de ne pas souffrir, ou de moins souffrir de la vie!" (II, 237:1862). Il voudrait même voir dans le travail un plaisir: "Le grand et l'unique objet de ma vie

---

[9] *Fusées*, p. 1252.

maintenant est de faire du travail, la chose la plus dure et la plus en-
nuyeuse du monde, la chose agréable par habitude" (II, 332:1863). Mais
la perception des "vérités les plus simples," les bonnes intentions, ne sont
pas des gages de succès et Baudelaire réinfuse dans ses projets l'idée de
gloire à laquelle il s'est adonné comme à une drogue; il a pris "un grand
parti," écrit-il, "c'est-à-dire. . . n'aimer que la gloire, travailler sans cesse,
même *sans espoir de salaire*, supprimer tout plaisir et devenir ce qu'on
appelle un grand type de grandeur" (II, 254:1862). L'idée de gloire agit
comme une drogue dans la mesure où elle rend le travail si difficile et se
montre ainsi destructrice, mais en même temps console, par sa persistance, de l'échec qu'elle a elle-même en partie provoqué, pour devenir
une fin en elle-même presque dénuée de lien avec un substratum de
succès littéraire puisque c'est à ce travail héroïque que la gloire serait due,
gloire imaginaire de l'effort pur que seul Baudelaire pourrait contempler.

Les lettres que Baudelaire écrit à sa mère lui donnent un champ d'expression de soi libre des contraintes de l'art et des exigences de réserve, et
ce qu'elles lui permettent de dire sur sa difficulté créatrice éclaire en partie
ce problème si commun, mais le montre chez lui encore plus grave que ce
que d'autres connaissent comme l'horreur de la page blanche, car sa
crainte de se mesurer avec l'idéal va jusqu'à paralyser son désir d'écrire:
". . . Je me sens intimidé," écrit-il ; "intimidé de quoi?—de la peur de ne
pas réussir! Là est l'explication de cette indécision qui m'a toujours joué de
si cruels tours. Cependant il est évident que pour finir une affaire, la
première condition est de la commencer" (II, 505:1865). On croirait, à le
lire, qu'il n'avait jamais rien écrit ou si peu que rien. Pris dans le dilemme
de la gloire ou du silence, il va jusqu'à voir dans sa "supériorité d'esprit" un
handicap plutôt qu'un bonheur, et il envie, tout en les méprisant, ceux qui
grâce à leur seul travail ont trouvé un moyen terme: ". . . Quand on a
déjà *contre soi* une supériorité d'esprit, il faut être d'autant plus *patient*, plus
obstiné, plus *assidu*. . . . Comprends-tu maintenant pourquoi l'on voit
tant d'auteurs plus que médiocres si bien réussir et gagner tant d'argent?
Ils ont tout pour eux, leur médiocrité d'abord, et ensuite toutes les
chances que donne l'assiduité" (II, 457:1865). Ce sophisme lui permet de
s'absoudre tout en se condamnant, et son sarcasme semble une parodie
involontaire de professeur admonestant un élève paresseux. La même
connotation scolaire—l'idée de rang—se retrouve dans une autre auto-
accusation encore plus amère: "Je me considère comme un grand coupable ayant abusé de la vie, de mes facultés, de ma santé, comme ayant perdu
vingt ans dans la rêverie, ce qui me met au-dessous d'une foule de brutes,
qui travaillent tous les jours" (II, 332:1863). Ces "brutes" que Baudelaire
méprise ne sont pas les seuls auteurs qui ont trouvé le succès et il se montre

aussi jaloux des vrais "héros" de la littérature qui, non contents de travailler avec assiduité, ont aussi gagné la gloire; on connaît le dépit admiratif qu'il ressent envers Hugo; "ce Victor Hugo est infatigable," écrit-il quand paraît la *Légende des Siècles* (I, 607:1859). Il écrit plus tard: "Hugo va publier ses *Misérables*, roman en 10 vol.. Raison de plus pour que mes pauvres volumes, *Euréka*, *Poèmes en prose*, et *Réflexions sur mes contemporains* ne soient pas vus" (II, 238:1862). Sans doute cette jalousie privée explique-t-elle en partie son attitude ambivalente envers Hugo et lui fait écrire que "ce livre est immonde et inepte" (II, 254:1862) dans ses lettres à sa mère au moment où il déclare publiquement son admiration pour le "grand homme" dans son article sur Hugo. Balzac surtout lui inspire de l'envie pour sa puissance de travail qui transforme admirablement la bêtise en génie; Baudelaire compare ainsi leurs débuts à tous deux:

> Personne ne pourra jamais se figurer combien ce grand homme était maladroit, niais et BÊTE dans sa jeunesse. Et cependant il est parvenu à avoir, *à se procurer*, pour ainsi dire, non seulement des conceptions grandioses, mais encore immensément d'esprit. Mais il a TOUJOURS travaillé'. Il est sans doute bien consolant de penser que par le travail on acquiert non seulement de l'argent mais aussi un talent incontestable. Mais à trente ans, Balzac avait depuis plusieurs années pris l'habitude d'un travail permanent, et jusqu'ici je n'ai de commun avec lui que les dettes et les projets. (I, 177:1851)

Même Flaubert le rend jaloux: "Dernièrement j'ai lu chez Flaubert quelques chapitres de son prochain roman; c'est admirable; j'en ai éprouvé un sentiment d'envie fortifiante" (II, 238:1862). Cette envie est plus fortifiante qu'amère ou démoralisante peut-être parce que Baudelaire se sent l'égal de Flaubert, celui-ci n'étant pas encore un "grand homme" et pouvant attiser l'ardeur au travail.

Les lettres de Baudelaire à sa mère montrent les avatars de la grandiose ambition de Baudelaire, comment le beau rêve de gloire qui devrait le fortifier, ou dans l'insuccès le consoler, peut se changer en colère ou en jalousie devant les réalités vexantes de la concurrence littéraire: "Je voudrais avoir les facultés de . . . tant d'écrivains dont je fus toujours jaloux," avoue-t-il.[10] Privé de la faculté du travail qui permet de faire du rêve une réalité, Baudelaire, dans l'ensemble des lettres, avec leurs alternances d'optimisme et de pessimisme, d'espoir et de découragement, de léthargies et d'explosions, donne l'impression que le travail si difficile semblait, aussi, insignifiant par rapport au but, que tout effort perdait sa valeur une fois accompli et que tout était toujours à recommencer. Il se développe ainsi, au fur et à mesure que les lettres introduisent puis ramènent les

---

[10] *Pauvre Belgique*, p. 1318.

mêmes thèmes, une structure de répétition, de circularité, comme un cercle vicieux dont il est difficile au poète de sortir. La multitude des obstacles que magnifie l'obsession de la gloire donne à Baudelaire une conscience si douloureuse de la nécessité du travail que celui-ci en devient lui-même une obsession: quand il ne travaille pas il pense à ce qui ne se fait pas, quand il essaye de travailler il lui est difficile de le faire; et l'effet général est une impression de paralysie, d'étouffement des forces créatrices, d'emprisonnement dans le désir et l'inaccompli.

Si Baudelaire montre souvent dans ses lettres son ambition en butte aux obstacles et à la difficulté du travail, ou comme moyen de se justifier aux yeux de sa mère, dans son œuvre littéraire il est libéré de ces contraintes et donne son essor à l'ambition: cette liberté permet à la difficulté du travail d'évoluer en l'élévation du travail et de la volonté qu'il exige au niveau de vertus esthétiques et créatrices; elle permet à l'ambition d'évoluer du sentiment fatal mais incertain de "destinée de poète" contrecarrée par les obstacles en la conception d'un véritable héroïsme littéraire fondé sur une idéologie du moi libre qui finit par prendre les dimensions du mythe.

Baudelaire eut l'espoir précoce et persistant d'une destinée extraordinaire et la certitude de posséder un très grand talent. C'est la conscience elle-même d'un grand talent à faire fructifier qui nourrit l'idée d'un destin, d'un devoir poétique à accomplir, et ce destin lui-même donne au talent tout son sens; mais c'est lui aussi qui fait souffrir le poète car il suppose un but idéal qui transcende à jamais les talents et l'effort. La destinée de poète a le double caractère de tout ce qui concerne Baudelaire: elle provoque aussi bien l'élan ou le découragement, elle fait escompter la gloire mais aussi souffrir tous les jours à cause de cette gloire, elle provoque l'insatisfaction mais demeure toujours comme le seul espoir. Cette dualité lui donne presque le caractère d'une religion dont le fidèle est partagé perpétuellement entre le doute et la foi, où l'aboutissement du désir serait comme le salut et sa frustration comme une damnation.

Salut et damnation sont d'ailleurs deux termes que Baudelaire emploie constamment; mais s'il les emprunte à la religion traditionnelle il leur enlève presque tout contenu chrétien pour les associer à l'accomplissement de son ambition: s'il réussit à "travailler régulièrement," il sera "sauvé" (I, 353:1856). Sa religion a peut-être un Dieu, mais un Dieu au rôle surtout utilitaire: "Je désire de tout mon cœur . . . croire qu'un être extérieur et invisible s'intéresse à ma destinée; mais comment faire pour le croire?" (II, 151:1861). C'est Satan plutôt qu'il voit s'intéresser à lui et s'infiltrer comme un poison dans son âme pour détruire sa détermination et sa volonté et encombrer sa vie de soucis: ". . . Je crois que ma vie a été *damnée* dès le commencement, et qu'elle l'est *pour toujours* (I, 303:1854). Et gémissant sur ses dettes, il dit: ". . . Jusqu'à ce qu'elles soient intégralement payées je serai dans un enfer" (I, 373:1857). C'est Satan qui lui fait "remettre au lendemain" tous ses devoirs (I, 450-451:1858), lui "vaporise" la volonté, mine son désir de travailler et lui suggère la voie aisée de la drogue pour devenir Dieu lui-même, se faire "le centre de l'univers" et ainsi vendre son âme.[11] Cette religion ultra-personnelle a aussi besoin d'un "martyr"—Baudelaire lui-même—titre qui lui donne le droit de se plaindre "de tant d'humiliations, . . . d'outrages . . . qui ont fait de moi un martyr, le plus curieux martyr de tout Paris peut-être," ou le lui interdit selon l'occasion: "Moi, martyr, je n'ai pas le droit de me plaindre. . . ." (I, 372:1857; I, 587:1859).

Mais dans cette religion, Dieu et le diable restent accessoires, car ce que les lettres et l'œuvre de Baudelaire évoquent n'a rien de la religion tradi- tionnelle, c'est une religion de l'ambition par l'art, ou religion du moi créateur où "l'artiste ne relève que de lui-même," car il est "son roi, son prêtre et son Dieu."[12] Religion qui aura aussi son hérésie dans sa détériora- tion en égotisme ou en la stérile "auto-idolâtrie" du dandysme. Comme certains poètes romantiques, Baudelaire emprunte à la religion une termi- nologie et des symboles qu'il vide préalablement de leur contenu pour lui substituer une signification nouvelle et personnelle—processus selon le- quel "religious images are drained of their specifically religious content and filled with something new," ou processus de sécularisation à la limite duquel les termes finissent par prendre "a new sense almost diametrically opposed to the original."[13]

Dans la religion de Baudelaire Dieu et Satan peuvent changer de rôle selon les besoins du moment ou finir par collaborer, comme le montre la prière ironique à la fin du "Joueur généreux":

> Afin de compenser la perte irrémédiable que vous avez faite de votre âme, [promet le bon diable], je vous donne l'enjeu que vous auriez gagné si le sort avait été pour vous, . . . la possibilité de soulager . . . cette bizarre affection de l'Ennui. . . . Jamais un désir ne sera formé par vous, que je ne vous aide à le réaliser. Vous règnerez sur vos vulgaires semblables. . . . L'argent, l'or . . . viendront vous chercher . . . sans que vous ayez fait un effort pour les gagner. . . .

Mais ces promesses fabuleuses, le diable saurait-il les tenir seul?

> . . . Peu à peu . . . l'incurable défiance rentra dans mon sein . . . et, en me couchant, faisant encore ma prière par un reste d'habitude imbécile, je répétais dans un demi-sommeil: "Mon Dieu! Seigneur, mon Dieu! faites que le diable me tienne sa parole."[14]

Le rôle de Dieu et de Satan, dans la religion de l'ambition de Baudelaire, a

---

[11] *Paradis artificiels*, pp. 372-383.
[12] *Exposition universelle–1855*, p. 959.
[13] C. Rosen, "Isn't It Romantic?" *N.Y.R.B.*, June 14, 1973, p. 14.
[14] *Spleen de Paris*, p. 277.

une importance beaucoup plus esthétique qu'authentiquement—ou traditionnellement—religieuse, car il symbolise l'échec, ou la réussite—légitime si elle s'oriente vers Dieu, ou fallacieuse si c'est Satan qui la protège.

L'inévitabilité, le côté fataliste qui caractérise l'idée d'une destinée glorieuse, ou, quand la voie est pavée d'obstacles, de l'"'horrible destinée," contribuent aussi à l'aspect romantique de Baudelaire. Baudelaire frappe par cette couleur romantique alors qu'il semble par ailleurs être un poète si moderne. Vivier a noté ce romantisme dans les *Fleurs du Mal*: le poème "les Voix" montre le poète comme "prédestiné" et appelé à l'Art par des voix comme à un "sacerdoce"; il a, selon les poèmes "Les Phares," "Elévation," "Bénédiction" la "mission d'éclairer les hommes, d'être un phare, de les guider vers l'absolu"; aussi "n'a-t-il pas à se courber sous les règles de la morale sociale" car son art n'a pas d'"utilité sociale" comme le suggère le poème "Épigraphe pour un livre condamné" (ainsi que de multiples pages de sa critique); et finalement "il n'a rien de commun non plus avec la vie pratique, et c'est ce qui fait à la fois sa grandeur et sa faiblesse"; et comme "l'albatros empêtré par l'ampleur de ses ailes, il est en butte aux affres du guignon et à la méchanceté du destin."[15] Mais au milieu de ces expressions de fatalité fait intrusion le découragement fondé sur la difficulté créatrice qui prend le tour de la culpabilité, de la responsabilité envers soi-même et envers l'art, comme dans "L'Ennemi" ou dans "Le mauvais Moine":

> O moine fainéant! quand saurai-je donc faire
> Du spectacle vivant de ma triste misère
> Le travail de mes mains et l'amour de mes yeux?[16]

Vivier montre bien la correspondance entre l'idée de destinée telle que la suggèrent les lettres de Baudelaire à sa mère et son exploitation poétique, mais il laisse de côté un aspect de l'œuvre qui montre comme une revanche de l'idéal, ou la fatigue de l'ambition: dans le *Spleen de Paris*, ambition, gloire et poursuite de l'idéal apparaissent souvent comme des fardeaux pesants et douloureux, car ce n'est plus le jeune enthousiaste qui parle mais le poète amer qui se croit un "vieillard" à quarante ans. Le poème "Chacun sa Chimère" montre la transformation en martyre de la poursuite de la gloire: le monde est devenu un désert "sans chemins," la démarche humaine est absurde et l'ambition devient cette "chimère," cette "monstrueuse bête" qui "enveloppait et opprimait . . . de ses muscles élastiques et puissants, . . . s'agrafait avec ses deux vastes griffes à la poitrine de sa monture." Mais l'ambition n'est pas chose dont on veut ni

---

[15] R. Vivier, *L'Originalité de Baudelaire* (Paris: Le Renaissance du Livre, 1926), p. 282-283.
[16] *Fleurs du Mal*, p. 15 et p. 16.

même ne peut se débarrasser: "Aucun de ces voyageurs" (que le poète rencontre) "n'avait l'air irrité contre la bête féroce suspendue à son cou et collée à son dos; on eût dit qu'il la considérait comme faisant partie de lui-même." Le sentiment de fatalité demeure: ces hommes chevauchés par une "chimère" sont "poussés par un invincible besoin de marcher," et cheminent "avec la physionomie résignée de ceux qui sont condamnés à espérer toujours." La chimère est évidemment cette ambition incurable, "increvable" qui fait souffrir atrocement mais reste le seul espoir, et la bête monstrueuse se fond dans sa victime de même que l'ambition de gloire, ou image idéalisée de soi-même, ne fait qu'un avec le moi du poète. Le poète cherche à "comprendre ce mystère," mais bientôt se substitue à l'ambition incompréhensible et torturante sa mort temporaire, cet ennui qui est véritablement colère, protestation refoulée, abandon au négatif: ". . . Bientôt l'irrésistible Indifférence s'abattit sur moi, et j'en fus plus lourdement accablé qu'ils ne l'étaient eux-mêmes par leurs écrasantes Chimères."[17]

Un autre poème en prose, "Laquelle est la vraie?" utilise au lieu d'une métaphore d'emprisonnement ambulatoire pour peindre les souffrances de l'ambition un emprisonnement statique, avec l'image baudelairienne du tombeau, de la "fosse". Bénédicta, la fille miraculeuse "qui remplissait l'atmosphère d'idéal, et dont les yeux répandaient le désir de la grandeur, de la beauté, de la gloire et de tout ce qui fait croire à l'immortalité,"—c'est-à-dire qui symbolise tout ce qui meut Baudelaire—cette Bénédicta est morte et avec elle semble morte la réalisation de ce qu'elle signifie. Son double surgit alors de la tombe, ou plutôt un double aux attributs opposés, c'est-à-dire tout ce qui caractérise la misère de Baudelaire: la réalité, la petitesse, la laideur et la privation de gloire; la fausse Bénédicta personnifie cet "instinct de renoncement," comme dit Blin, qui tente Baudelaire mais qui, en dépit de triomphes apparents, n'étouffera jamais son goût impérissable de la gloire. "Pour la punition de ta folie et de ton aveuglement, tu m'aimeras telle que je suis," s'écrie la fausse Bénédicta; le poète refuse l'emprisonnement de cette réalité étroite et "canaille" mais pour s'emprisonner dans son contraire: "Non! non! non!" proteste-t-il. "Et pour mieux accentuer mon refus, j'ai frappé si violemment la terre du pied que ma jambe s'est enfoncée jusqu'au genou dans la sépulture récente, et que, comme un loup pris au piège, je reste attaché, pour toujours peut-être, à la fosse de l'idéal." Ce loup, image de la colère impuissante, s'est enfoncé involontairement dans des illusions qui ne meurent que pour ressusciter sous forme de déboires, et le piège semble être celui de l'ambition glorieuse dont on ne peut s'échapper.[18]

---

[17] *Spleen de Paris*, pp. 235-236.
[18] Ibid., pp. 290-291.

Baudelaire apparaît tel un héros romantique ramené par la force des choses à l'étroitesse de la réalité, mais un héros qui cherche son héroïsme dans la poursuite exclusivement littéraire d'une gloire insaisissable. Aussi son ambition a-t-elle un côté romantique, au sens banal du terme à cause de son exagération mais aussi dans le sens plus strict de la tradition littéraire: elle semble en effet correspondre à l'aboutissement de l'évolution d'une notion d'héroïsme qui née de la réalité historique s'achève dans l'imaginaire, glissant du héros réel au héros fictif, puis de celui-ci à son auteur-créateur qui remporte à son tour le titre de héros, alors que le héros de la fiction évolue en ce que Giraud appelle "the unheroic hero." Cette évolution parallèle à l'embourgeoisement progressif de la société— "abrutie et goulue," selon Baudelaire, "n'ayant horreur que de la fiction, et d'amour que pour la possession"[19]—fait de la littérature le seul champ d'action pour un esprit féru d'héroïsme, et du poète ou artiste le seul grand homme. A la fin du *Salon de 1846*, Baudelaire montre ce transfert d'héroïsme qui pouvait servir d'exemple à sa propre ambition: ". . . Les héros de l'Iliade ne vont qu'à votre cheville, ô Vautrin, ô Rastignac, ô Birotteau . . . et vous, ô Honoré de Balzac, vous le plus héroïque, le plus singulier, le plus romantique et le plus poétique parmi tous les personnages que vous avez tirés de votre sein."[20] Ce point de vue représente l'admiration toute subjective d'un nouveau venu dans la carrière glorieuse; dix ans plus tard, il dira encore ". . . Balzac, ce prodigieux météore qui couvrira notre pays d'un nuage de gloire, comme un orient bizarre et exceptionnel, comme une aurore polaire inondant le désert glacé de ses lumières féériques."[21]

Dans son double rôle de critique et de poète, Baudelaire observe et représente à la fois ce transfert d'héroïsme qui marque un tournant de l'histoire littéraire, et, dans son œuvre critique essentiellement, il finit par donner une redéfinition complète à la notion d'héroïsme, non plus en fonction de l'admiration unanime mais de la sienne propre et en conformité avec sa propre idéologie. Dans son ambition, il ne se contente pas d'hériter d'une conception romantique de l'art mais entreprend d'emblée de la renouveler dans sa forme et son sens, pas exactement comme le dit Valéry en substituant la volonté à l'inspiration, mais en soumettant l'inspiration à la volonté, à la vertu contraignante de la forme, en soumettant totalement l'objet au moi de l'artiste. Ce désir de toute-puissance du moi est un élément fondamental de l'héroïsme baudelairien: il élève la volonté au rang de vertu suprême, et explique bien la découverte en Balzac d'un modèle d'héroïsme, ce Balzac en qui Baudelaire voyait un "théoricien de

---

[19] *Madame Bovary et Gustave Flaubert*, p. 651.
[20] *Salon de 1846*, p. 952.
[21] *Flaubert*, p. 649.

la volonté" et qui selon lui "pensait sans doute qu'il n'est pas pour l'homme de plus grande honte ni de plus vive souffrance que l'abdication de sa volonté."[22] La volonté est une faculté que Baudelaire prise entre toutes, car "semblable à tous les autres hommes, [il] admire surtout ce qu'[il] ne possède pas."[23] A force de "vanter ce qui [lui] semble plus rare et plus difficile à acquérir,"[24] Baudelaire arrive de façon magique à faire de la volonté—faculté indéfinissable, *elusive*, et presqu'irréelle puisqu'on la connaît surtout par son absence—un fondement mythique de son héroïsme, car elle semble être la faculté de "centralisation du moi," faculté qui permet par conséquent à ce moi centralisé de resserrer à lui-même ou d'unifier en lui-même tout ce qui touche à l'art.

Un des premiers signes du resserrement au moi est la fusion qu'opère Baudelaire des deux rôles traditionnellement distincts de poète et de critique en subordonnant les deux à une sensibilité unique: ". . . Tous les grands poètes deviennent naturellement, fatalement, critiques," écrit-il à propos de Wagner.[25] Alors que le critique ordinaire se tient en dehors de l'art et tente de régir ce qu'il ne sent pas lui-même, le poète exerce sur lui-même une lucidité critique qui lui permet de juger de façon bien plus pénétrante si ce qu'il écrit répond à son sentiment et à son projet. Personne mieux que lui n'est capable de "raisonner" sur son art. Aussi cette lucidité qui s'aiguise dans l'auto-critique justifie-t-elle le rôle de critique que le poète joue à l'égard de l'œuvre d'autrui: son regard critique est toujours en éveil quand il fait œuvre poétique, et c'est avec la compréhension du poète qu'il pénètre la pensée d'autrui. Baudelaire accomplit admirablement cette tâche, à tel point que son article sur "Madame Bovary," le roman de la petite provinciale qui "poursuit l'idéal," lui vaut cette réponse de Flaubert: "Vous êtes entré dans les arcanes de l'œuvre, comme si ma cervelle était la vôtre."[26] Le simple critique ne ferait que juger, mais le poète-critique tire parti de son imagination qui lui permet de s'identifier à la pensée créatrice d'autrui tandis que sa lucidité évite la fusion avec l'objet: c'est Flaubert plutôt que son héroïne qu'il admire. Aussi Baudelaire écrit-il: "Il serait prodigieux qu'un critique devînt poète, et il est impossible qu'un poète ne contienne pas un critique . . . je considère le poète comme le meilleur de tous les critiques."[27] Critique et poésie, "partiale, passionnée" l'une comme l'autre, au lieu de se distinguer selon leur objet, sont indissolublement liées dans l'unité du moi qui sent, et en sont l'expression. On comprend donc l'omniprésence du "Je" dans

---

[22] *Paradis artificiels*, p. 384.
[23] *Correspondance*, II, 200 [1861].
[24] *L'Oeuvre et la Vie d'Eugène Delacroix*, p. 1126.
[25] *Richard Wagner*, p. 1222.
[26] G. Flaubert, in *Lettres à Baudelaire*, p. l53.
[27] *Richard Wagner*, p. 1222.

l'œuvre tant critique que poétique de Baudelaire, un "Je" qui revendique son droit à la parole: "Ce *Je*, accusé justement d'impertinence dans beaucoup de cas, implique cependant une grande modestie; il enferme l'écrivain dans les limites les plus strictes de la sincérité."[28] Peut-être ce "Je" est-il plus sincère que modeste.

La lucidité critique qui s'applique à la création poétique n'est autre chose que la volonté qui aiguillonne dans la bataille difficile avec les mots, dans la transmutation du sentiment, de la rêverie en langage, dans la poursuite d'une expression qui reste toujours inévitablement inadéquate à l'impression. La lucidité en action est donc travail, comme Baudelaire le montre à propos de Musset: "Excepté à l'âge de la première communion . . . je n'ai jamais pu souffrir *ce maître des gandins* . . . son torrent bourbeux de fautes de grammaire et de prosodie, enfin son impuissance totale à comprendre le travail par lequel une rêverie devient un objet d'art."[29]

Lucidité, travail et volonté mettent l'accent sur le rôle si important du moi dans l'esthétique de Baudelaire et contribuent à la tentative d'approfondissement de la signification poétique qu'est son nouveau réalisme: il ne s'agit plus de "vérité dans l'art" ni de "couleur locale" mais de la capacité du moi de saisir la vérité d'une impression et de la traduire avec "sincérité," de creuser la signification afin de lui donner une expression adéquate. Dans "Puisque Réalisme il y a," Baudelaire écrit: "Tout bon poète fut toujours *réaliste*. Equation entre l'impression et l'expression. Sincérité."[30] Cette brève note résume le romantisme nouveau de Baudelaire, et, à cause de la difficulté de l'"équation" qui exige la poursuite ardue du mot juste et de la densité, résume aussi son esthétique du travail et de la volonté, et finalement souligne l'importance d'un moi capable de réduire à l'extrême la distance entre expression et inspiration, sans se laisser emporter par celle-ci à la mode romantique ni la mettre en pénitence comme Valéry.

Dans sa lettre à Fraisse, Baudelaire parle de la "beauté pythagorique" du sonnet: "Parce que la forme est contraignante, l'idée jaillit plus intense." Il explique: "Avez-vous observé qu'un morceau de ciel, aperçu par un soupirail, ou entre deux cheminées, deux rochers, ou par une arcade, etc., donnait une idée plus profonde de l'infini que le grand panorama vu du haut d'une montagne?"[31] Le choix d'une forme rebelle avec laquelle il faut lutter héroïquement apparaît comme un emprisonnement volon-

[28] Ibid., p. 1208.
[29] *Correspondance*, I, 675.
[30] *Puisque Réalisme il y a*, p. 636.
[31] *Correspondance*, I, 676.

taire, et la victoire traduite par la saisie de l'intensité et l'aperçu sur l'infini apparaît comme un jaillissement de liberté. Baudelaire souvent parle de ce combat comme d'une escrime, non dans le sens du verbe "s'escrimer" qui connote effort sans succès, mais dans un sens martial, héroïque, victorieux. W. Benjamin relève des métaphores d'escrime, de duel: Baudelaire montre le peintre C. Guys,

> . . . à l'heure où les autres dorment, . . . penché sur sa table, dardant sur une feuille de papier le même regard qu'il attachait tout à l'heure sur les choses, s'escrimant avec son crayon, sa plume, son pinceau, faisant jaillir l'eau du verre au plafond, essuyant sa plume sur sa chemise, . . . pressé, violent, actif, comme s'il craignait que les images ne lui échappent, quereller quoique seul, et se bousculant lui-même.[32]

Le poète use de cette métaphore à propos de lui-même dans "Le Soleil":

> Le long du vieux faubourg . . .
> . . . Quand le soleil cruel frappe à traits redoublés
> Sur la ville et les champs . . .
> Je vais m'exercer seul à ma fantasque escrime,
> Flairant dans tous les coins les hasards de la rime,
> Trébuchant sur les mots comme sur les pavés,
> Heurtant parfois des vers depuis longtemps rêvés.[33]

De la même manière, le "nouveau romancier" capable de remuer les "vieilles âmes goulues et abruties" sera "un esprit bien nourri, enthousiaste du beau, mais façonné à une forte escrime."[34] Ce duelliste, c'est Flaubert. Un autre exemple, qui reflète cette fois le pessimisme du héro caractéristique du *Spleen de Paris*, est la fin du "*Confiteor* de l'artiste": "Ah! faut-il éternellement souffrir, ou fuir éternellement le beau? Nature, enchanteresse sans pitié, rivale toujours victorieuse, laisse-moi! Cesse de tenter mes désirs et mon orgueil! L'étude du beau est un duel où l'artiste crie de frayeur avant d'être vaincu."[35] Selon Benjamin, Baudelaire aimait se servir de métaphores d'escrime et de termes martiaux afin d'illustrer de façon nouvelle le sens d'un nouvel héroïsme contemporain.[36] C'est avec vigueur que Guys et Baudelaire lui-même attrapent leurs images comme à la pointe de l'épée, mais le contexte de ces métaphores montre que l'héroïsme ne tient pas tant à l'arme et à la vigueur du héros qu'au combat dans lequel il les utilise. Le combat qui se joue est celui de l'artiste avec la matière poétique, l'escrime est l'effort, et la métaphore poétique colore ainsi d'héroïsme la lutte difficile du travail créateur.

[32] *Le Peintre de la Vie moderne*, p. 1162.
[33] *Fleurs du Mal*, p. 79.
[34] *Flaubert*, p. 651.
[35] *Spleen de Paris*, p. 232.
[36] W. Benjamin, *A Lyric Poet in the Era of High Capitalism* (London: NLB, 1973), III, passim.

Dans le duel, la victoire appartient à celui qui réussit à faire de son œuvre l'équation la plus étroite entre impression et expression, à lui donner la plus grande densité de signification grâce au travail et à la volonté. Delacroix est ainsi pour Baudelaire un vainqueur dans ce duel du moi et de l'art, un modèle d'héroïsme comme Balzac avec qui il partage un penchant fanatique pour le travail: "La vérité est que, dans les dernières années de sa vie," écrit Baudelaire du grand peintre, "tout ce qu'on appelle plaisir en avait disparu, un seul, âpre, exigeant, terrible, les ayant tous remplacés, le travail. . . ."[37] Baudelaire discerne dans l'œuvre du peintre des qualités conformes à sa propre esthétique: "Ce qui marque le plus visiblement le style de Delacroix, c'est la concision et une espèce d'intensité sans ostentation, résultat habituel de la concentration de toutes les forces spirituelles vers un point donné." Et c'est cette capacité de concentration qui finalement fait l'héroïsme; si Baudelaire a admiré passionnément Poe et son art, celui-ci a surtout représenté pour lui une victime à la fois du guignon et de son terrible milieu, alors un autre américain lui parle d'héroïsme: reprenant une phrase d'Emerson, Baudelaire écrit: "Le héros littéraire, c'est-à-dire le véritable écrivain, est celui qui est immuablement concentré."[38] Comme l'objet de cette concentration est pour Baudelaire à la fois son moi et l'art, et comme ses moyens sont ceux de son esthétique volontaire, alors poète et critique peuvent s'identifier de façon transcendentale dans l'image du héros, dans le moi tout-puissant de l'ambition.

Cette concentration du héros littéraire s'oppose à l'"indolence naturelle des inspirés," comme s'opposent sur le plan psychique la "vaporisation," ou dispersion du moi ou son absorption par l'objet dans la rêverie, et la "centralisation" du moi au moyen de l'effort de volonté (ou de ce qui peut paraître comme la grâce d'un "état exceptionnel de l'esprit et des sens,"[39] mais qui reste presque miraculeux). Si la concentration vaut à l'artiste le titre de héros, l'effort qu'elle exige doit être immense, aussi risque-t-il de s'arrêter court ou de dévier en faisant du "moi" lui-même, concentré et devenu sublime, son propre objet et l'objet de sa propre admiration.

Ce moi concentré doit donc s'ancrer dans des conjonctures aussi strictes de temps et de lieu à moins de tourner au solipsisme ou à la folie. La primauté du moi appelle donc logiquement d'abord celle du présent, du moment de la conscience de soi; mais cette conjonction moi-présent reste insuffisante, car la conscience du moi concentré dans le présent pur ne serait que "dandysme" métaphysique ou "auto-idolâtrie." Il lui faut un lieu où il se situe; ce lieu, c'est d'abord le plus étroit, le corps que le dandy

---

[37] *Delacroix*, p. 1135.
[38] Ibid., pp. 1126-1127.
[39] *Paradis artificiels*, p. 346.

choie et contemple dans tous les miroirs, qu'il protège du cont/ qui serait "prostitution." Mais si Baudelaire fait l'éloge du ᴄ celui-ci reste plutôt une tentation, une aberration, peut-être aussᵢ moyen de recollection des forces face à la "vaporisation." Il serait aussi renoncement à l'ambition glorieuse et créatrice puisqu'il se limiterait à être un héros et un saint "pour soi-même."

Baudelaire, artiste et poète, se laisse tenter mais pas vraiment fasciner par un dandysme sans issue, et, par nécessité esthétique, ancre son moi, comme tout le monde, dans le monde concret et dans le temps impur. Le monde qui s'impose à lui comme objet à transformer en œuvre d'art déborde le lieu étroit du corps, et le sentiment par lequel on le perçoit rend une épaisseur au moment. Mais Baudelaire restreint le plus possible cet élargissement à partir des données initiales du moi, du présent, du lieu. Le moment de l'artiste est celui dans lequel le monde est senti au présent, (même s'il peut y avoir des échos dans le passé et l'avenir, qui restent toujours liés au moi au présent). Le lieu est un milieu élastique qui se dessine en cercles concentriques autour de ce même moi au présent,—cercles qui, variant leur amplitude selon le contexte poétique, vont du plus étroit au plus large, du moi physique au couple, au groupe ("Les vocations," par exemple), et au point qu'il occupe (ou qui l'enferme) balcon, lit, alcôve, tombeau, cave, prison, puis au jardin public, par exemple, à la ville et finalement jusqu'au monde entier, dont Baudelaire reste le centre et qu'il contrôle en jouant sur le "clavier des correspondances."

La conjonction la plus favorable aux joies de l'héroïsme se trouve alors être celle d'un temps et d'un lieu que le moi peut partager avec autrui sans se dissiper. Ainsi se comprend le principe de la "modernité" ou perception du beau par le moi dans le présent: "La modernité c'est le transitoire, le fugitif, le contingent,"[40] mais c'est aussi ce que le moi de l'artiste attrape: "Le plaisir que nous retirons de la représentation du présent tient non seulement à la beauté dont il peut être revêtu, mais aussi à sa qualité essentielle de présent."[41] Aussi le lieu d'élection pour le héros est-il la grande ville moderne où, dans le présent, un équilibre peut s'établir entre moi et non-moi, où le poète, "prince" de la foule "peut à sa guise être lui-même et autrui" sans perdre son identité, où il se sent libre d'"épouser la foule" sans perdre son incognito, dont il reste donc le centre invisible et tout-puissant.[42]

Si le resserrement au moi qui culmine dans la concentration du héros est dû à un effort de volonté en partie inspiré par l'exemple d'autres

---

[40] *Le Peintre de la Vie moderne*, p. 1163.
[41] Ibid., p. 1153.
[42] *Spleen de Paris*, p. 244, et *Le Peintre de la Vie moderne*, p. 1160.

héros, l'expansion dans le concret est réaction spontanée de l'âme artiste plutôt qu'"'auto-idolâtre": car l'artiste veut un autre objet que le moi pur. Cette expansion est comme la conséquence d'un resserrement qui aboutit—comme en bien d'autres domaines—à une réaction explosive: dans son article sur Wagner, Baudelaire dit qu'il trouve chez le compositeur "volonté, désir, concentration, intensité nerveuse," et finalement "explosion, excès de santé et débordements de volonté" qui font le génie.[43] Ici, "explosion" ne veut pas dire dislocation ou dispersion, mais "débordement" qui se canalise dans l'œuvre d'art. Si on transpose cette image d'explosion, et qu'on la rapproche de celle du moi dans le lieu et le moment, on peut y voir une analogie avec ce que Baudelaire conçoit comme son romantisme nouveau. Quelques remarques suffiront à souligner l'importance de ce moi explosif et concentré dans sa correction du romantisme.

Baudelaire veut rétrécir le champ de l'expansion romantique en exigeant que l'impression que l'artiste a du monde passe par le point focal le plus étroit du moi volontaire et du moment présent. Ce resserrement au moi renverse alors le rapport de la nature et de l'artiste: il ne s'agit plus de représenter le monde mais de le "sentir," de soumettre sa perception à une sélection, un regroupement des éléments, une correction opérés en fonction du moi, et en définitive de trouver dans la Nature un corrélatif du Moi plutôt que vice-versa: "Le romantisme," écrit Baudelaire, "n'est précisément ni dans le choix des sujets ni dans la vérité exacte, mais dans la manière de sentir." Ceux qui se disaient romantiques "l'ont cherché en dehors, et c'est en dedans qu'il était seulement possible de le trouver."[44] Pour que l'artiste exprime de façon authentique cette combinaison de la nature et de son moi, il devra fatalement donner à son œuvre un caractère d'originalité vraie, diamétralement opposée à une originalité "à tout prix" qui ne vaudrait pas mieux que l'imitation: "L'artiste, le vrai artiste, le vrai poète, ne doit peindre que selon qu'il voit et qu'il sent. Il doit être *réellement* fidèle à sa propre nature. Il doit éviter comme la mort d'emprunter les yeux et les sentiments d'un autre homme, si grand qu'il soit; car alors les productions qu'il nous donnerait seraient, relativement à lui, des mensonges, et non des *réalités*."[45] Aussi Baudelaire réclame-t-il "à grands cris l'originalité,"[46] et met-il encore plus l'accent sur l'"'individualité": "Un artiste," écrit-il, "un homme vraiment digne de ce nom, doit posséder

[43] *Richard Wagner*, p. 1236.
[44] *Salon de 1846*, p. 879.
[45] *Salon de 1859*, p. 1037.
[46] *Salon de 1845*, p. 835.

quelque chose d'essentiellement *sui generis*, par la grâce de quoi il est *lui* et non un autre."[47]

Le resserrement au moi provoque aussi une expansion dans des dimensions nouvelles, verticales si on peut dire, qu'on peut reconnaître dans les concepts baudelairiens de "spiritualité," de "surnaturalisme," de la perception du beau dans une "révélation transcendentale," et enfin de "l'aspiration vers l'infini" et de l'idéal, ainsi que, d'autre part, dans le mouvement inverse qui conduit à l'investigation des profondeurs de l'âme—la découverte en soi du satanisme, par exemple, ou du sadisme, de la cruauté, du goût de la débauche, etc.—c'est-à-dire tout ce qui apparaît comme percées verticales dans l'élévation ou dans la profondeur de l'être, toujours contrôlées par le moi. Cette expansion se transpose en termes stylistiques dans les propriétés d'expression et de motilité que Baudelaire attribue à la "phrase poétique": celle-ci "peut monter à pic vers le ciel, sans essoufflement, ou descendre perpendiculairement vers l'enfer avec la vélocité de toute pesanteur. . . ."[48]

La primauté du moi au présent s'élargit aussi en primauté du présent comme point de vue esthétique, c'est-à-dire du moment dans lequel l'artiste perçoit, sent et recrée le monde; Baudelaire rétrécit donc aussi au moment présent le champ de l'expansion romantique, rejetant à la fois ce qui relève du passé et de l'intemporel: en ce qui concerne la forme, il rejette l'obéissance à des normes passées et fondées sur une esthétique du "beau absolu," comme celles du néo-platonisme de Winckelmann; et en ce qui concerne le contenu ou l'inspiration, il rejette aussi l'exaltation du passé, sa sentimentalisation et la découverte en lui d'un pittoresque historique ou pseudo-historique sans lien avec le présent ni avec le moi de l'artiste: "S'appeler romantique et regarder systématiquement le passé," écrit Baudelaire, "c'est se contredire. . . . Pour moi, le romantisme est l'expression la plus récente, la plus actuelle du beau. . . . Il faut donc, avant tout, connaître les aspects de la nature et les situations de l'homme, que les artistes du passé ont dédaignés ou n'ont pas connus."[49] Aussi, selon une tendance qui le fait projeter sur autrui ses propres obsessions en transformant celles-ci en critères esthétiques, Baudelaire condamne comme "paresseux" ceux qui "étaient intéressés à représenter sans cesse le passé, . . . la tâche est plus facile, et la paresse y trouvait son compte."[50] Et il souligne encore l'importance de la volonté dans l'art: "Il faut que la volonté soit une faculté bien belle et toujours bien fructueuse, pour qu'elle

---

[47] *Richard Wagner*, p. 1235.
[48] "Projets de Préface pour les *Fleurs du Mal*," p. 186.
[49] *Salon de 1846*, pp. 878-879.
[50] Ibid., p. 949.

suffise à donner un cachet, un style quelquefois violent à des œuvres méritoires, mais d'un ordre secondaire. . . . Le spectateur jouit de l'effort et l'œil boit la sueur."[51]

C'est ainsi qu'on passe logiquement de la conception du moi concentré au principe de la modernité. Est-ce un paradoxe alors que Baudelaire admire la peinture historique, celle de Delacroix en particulier, alors qu'il voit en Walter Scott, une des sources d'inspiration du peintre, un "poudreux déterreur de chroniques, un fastidieux amas de descriptions de bric-à-brac"?[52] C'est que la modernité n'est pas sans doute nécessairement fonction d'un objet exclusivement contemporain, mais tient bien plus à la sensibilité moderne, au moi et à l'œil modernes de l'artiste qui, grâce à son imagination, peut donner vie à une scène du passé comme s'il avait été un témoin présent.

Cette puissance imaginative qui peut faire revivre le passé sans qu'on se laisse envoûter par lui est comme le "débordement" du moi de l'artiste-héros solidement concentré dans le présent. De même que ce moi peut rester concentré dans le présent tout en ayant des échos, ou en jetant des lignes dans le passé, de même il peut rester concentré tout en ayant des échos dans le monde, comme fixé au centre d'ondes qui l'entourent. Alors le resserrement au moi provoque finalement un autre "débordement," un élargissement du moi aux autres, un transfert ou une correspondance du moi aux autres, les contemporains anonymes, qui permet ce curieux échange d'héroïsme mythique entre le poète épris d'idéal et une époque considérée à bien des égards et par le poète lui-même comme particulièrement prosaïque. "Au vent qui soufflera demain, nul ne tend l'oreille," écrit Baudelaire; "et pourtant l'héroïsme *de la vie moderne* nous entoure et nous presse. . . . Celui-là sera le *peintre*, le vrai peintre, qui saura arracher à la vie actuelle son côté épique, et nous faire voir et comprendre, avec de la couleur et du dessin, combien nous sommes grands et poétiques dans nos cravates et nos bottes vernies."[53] La rhétorique même de Baudelaire montre comment s'opère un échange réciproque d'héroïsme entre sujet et objet: l'héroïsme de la vie moderne "nous entoure" écrit-il d'abord en effet, puis dans un glissement ou tour de passe-passe de l'extérieur à l'intérieur, c'est alors "nous" qui "sommes grands et poétiques." Cet héroïsme au futur qui existait déjà en lui sous forme de désir, Baudelaire le projette sur les hommes de son temps, fait comme s'il le découvrait en eux et cherche à s'en nourrir: ". . . Faire de la couleur avec un habit noir, une cravate blanche et un fond gris" sera la "tâche glorieuse" du "vrai pein-

---

[51] *Salon de 1845*, p. 824.
[52] *La Fanfarlo*, p. 489.
[53] *Salon de 1845*, p. 866.

tre."[54] Et à plus forte raison la tâche du poète est-elle aussi glorieuse puisqu'elle consiste à déceler l'héroïsme tant chez le peintre que dans ses modèles, et puisque, en peintre, le poète prend le monde et soi-même comme modèle et mérite donc de partager avec les autres le titre de héros.

On voit donc que Baudelaire, dans un même mouvement démythifie l'art tout en créant un autre mythe: au nom de la prééminence du moi et des sentiments de l'artiste, il dévalorise des normes esthétiques devenues traditionnelles et quasi inviolables; il remplace l'idée d'un beau absolu, éternel et universel par celle d'un beau moderne, circonstanciel et même inattendu, insolite—"le beau est toujours bizarre"[55]—et il réduit la nature, presque divinisée et mesure de tout bien et de tout beau, au rang de dictionnaire, de chose neutre. Il refuse le titre de poète à l'artiste seulement inspiré qui ne mérite pas le nom de "romantique" mais celui de "paresseux." Baudelaire dans ses impératifs terroristes de réforme des conditions de l'art—qui se résument en "moi, ici, maintenant"—prépare la voie aux idées de l'art moderne. Mais en même temps, à partir du moi volontaire, concentré et tout-puissant, au nom duquel il procède à ses réformes, il ne peut éviter de re-mythifier et se crée un mythe nouveau, personnel du héros. Il rejette un mythe général et des idées reçues pour leur substituer le mythe d'un moi qui ne voudrait obéir qu'à des normes qu'il a lui-même instituées, c'est-à-dire n'obéir à personne. Mais en se libérant ainsi d'un côté, il s'enferme aussi de l'autre dans des normes peut-être aussi rigides: il s'impose le devoir de la volonté, de l'effort, du travail, c'est-à-dire de vertus qui semblent étrangères à sa nature et qu'il exalte justement pour cette raison. Aussi l'héroïsme qui s'attache à la pratique de ces vertus Baudelaire le trouve-t-il essentiellement chez les autres: dans les artistes qu'il admire au nom de son idéal esthétique, Baudelaire trouve des hommes qui ont fait ce qu'il voudrait faire ou des modèles de l'héroïsme qu'il convoite et des héros comme il voudrait être.

Le désir de fusionner les deux rôles de poète et de critique, s'il permet au poète de comprendre avec lucidité l'œuvre d'autrui, aboutit à un mélange instable dans lequel le poète domine toujours car c'est à lui que revient la fonction de créer le mythe. Car c'est bien à un mythe d'héroïsme qu'aboutit l'ambition de Baudelaire, quand elle fonctionne en liberté et qu'elle s'allie avec une volonté illusoire pour trouver la gloire dans l'imaginaire: car Baudelaire le héros semble avoir oublié tous les multiples obstacles qui conspirent contre la réalisation de son ambition dans la vie réelle, ceux dont parlent ses lettres à sa mère, et, entre tous, les "abîmes d'indolence" dont il doit se tirer afin de travailler. Peut-être Baudelaire

---

54 *Salon de 1846*, p. 951.
55 *Exposition universelle–1855*, p. 956.

magnifie-t-il cet héroïsme pour compenser par identification avec autrui sa propre incapacité à l'atteindre lui-même, et se forge un mythe du héros pour pallier à l'échec de la réalité par l'imaginaire.

V

"Perte d'Auréole":
le Conflit du Héros et du Fils

Baudelaire partage avec ses héros le goût de la gloire, et l'aspiration vers l'infini qui purifie l'ambition de côtés trop terrestres. Balzac "le grand pourchasseur de rêves, sans cesse à la recherche de l'absolu" est un grand homme avec qui rivaliser et l'exemple d'une gloire intégrant ambition et idéal qu'il voudrait conquérir d'emblée.[1] C'est un critère aux jours d'enthousiasme comme de désespérance: "Je n'ai pas le courage, je n'ai pas le génie de Balzac,"[2] écrit Baudelaire, mais même mortifié par son impuissance, il ne songe jamais à renoncer à son ambition, signe "fatal" de sa "destinée de poète."

Baudelaire développe surtout ses aspirations héroïques dans ses écrits sur autrui; elles s'y épanouissent dans la liberté de l'imagination critique par identification avec le héros, celui-ci étant le reflet de l'image grandiose qu'il a de lui-même. Mais dans ses lettres à sa mère, son ambition se montre à l'état brut, sans l'alibi ou le support de la gloire d'autrui, et se proposant une gloire propre comme moyen de se manifester. Ce qui caractérise Baudelaire est la fusion d'une ambition native et non spécifique et du besoin profond d'un être aliéné de se faire entendre par l'écriture, avec l'idée d'héroïsme; le besoin d'expression se colore ainsi de romantisme et trouve forme dans le désir de gloire littéraire. Dans les lettres, cette ambition héroïque n'apparaît qu'en germe, limitée à elle-même et, en face de la totalité de la gloire, son affirmation même répétée semble bien fragmentaire et être à la limite le déni ou la consolation de

---

[1] *Comment on paie ses dettes quand on a du génie.*, p. 467.
[2] *Correspondance*, I, 444 [1858] (Les références à la *Correspondance* seront suivies dans le texte des numéros du volume et de la page).

l'échec. Au lieu d'être stimulant de l'effort ou se prouver par son accomplissement, elle reste souvent un désir ou un mot. Pourtant nulle part ailleurs Baudelaire ne reconnaît aussi ouvertement son ambition; mais ces lettres montrent ses déboires et ses mésaventures dans la banalité quotidienne bien plus que sa réalisation.

Ces lettres ont la singularité d'être écrites par un poète qui parle en fils, ou un fils qui ne perd jamais de vue qu'il est poète; mais ce sont des lettres ultra-privées où les soucis créateurs s'inscrivent dans un contexte de rapports mère-fils étrangers à l'art: Baudelaire confie à sa mère ses soucis et ses doutes sur le sort d'une œuvre qu'elle désapprouve foncièrement mais dans laquelle il voit le seul moyen valable de la satisfaire et, cherchant à mobiliser l'intérêt de celle-ci, il semble allier le désir de la satisfaire avec son ambition. C'est la confession de ce souci qui fait perdre au "héros" son lustre: en effet, alors qu'il voudrait théoriquement assumer la solitude du héros—"le héros s'amuse tout seul," et à plus forte raison travaille-t-il pour lui-même, faisant fi de l'attention d'autrui puisque "être un grand homme et un saint pour soi-même, voilà l'unique chose importante"[3]—Baudelaire se montre au contraire dépendant de l'approbation d'autrui en révélant son ambition pour se justifier et en faisant du succès de celle-ci une part de ses devoirs filiaux.

Un caractère romantique se dessine donc puis se dissipe, et le poète qui se voulait héros perd son auréole, comme le narrateur du poème en prose, pour devenir simple mortel:

> Tout à l'heure, comme je traversais le boulevard, en grande hâte, et que je sautillais dans la boue, à travers ce chaos mouvant où la mort arrive au galop de tous les côtés à la fois, mon auréole, dans un mouvement brusque, a glissé de ma tête dans la fange du macadam. Je n'ai pas eu le courage de la ramasser. J'ai jugé moins désagréable de perdre mes insignes que de me faire rompre les os.

Le poète n'est plus cet Icare héroïque qui disait, "mes bras sont rompus/pour avoir étreint des nuées." L'auréole perdue est un signe d'héroïsme ou de sainteté qui attire le regard et le détourne des défauts trop humains de celui qui la porte; la "fange" où elle tombe n'est pas seulement débauche, chute du ciel à l'enfer ou surenchère orgueilleuse du moi qui refuse la demi-mesure, mais aussi simple résignation à n'être plus un héros:

> . . . A quelque chose malheur est bon. Je puis maintenant me promener incognito, faire des actions basses, et me livrer à la crapule comme les simples mortels. Et me voici, tout semblable à vous, comme vous voyez![4]

---

[3] *Mon Cœur mis à nu*, pp. 1276, 1289.
[4] *Spleen de Paris*, pp. 299-300.

Les lettres de Baudelaire à sa mère ne montrent pas une chute de l'héroïsme à la crapule, mais elles sont une illustration aussi nette d'une perte d'auréole qui démasque le revers de l'héroïsme: elles révèlent une dépendance, ou faiblesse du moi et soumission à la nature, qui d'une part est incompatible avec l'idée du héros concentré et libre, et d'autre part semble être un obstacle à la réalisation de l'ambition. Simple mortel, Baudelaire est alors un homme comme les autres; l'échec du héros, lu selon les lettres, apparaît presque comme celui d'un homme ordinaire aux ambitions frustrées, et donne paradoxalement au poète une universalité qui répond à celle à laquelle il aspire dans les *Fleurs du Mal*.

Les frustrations de l'ambition héroïque semblaient déjà emprisonner. Baudelaire dans l'insatisfaction; les lettres à sa mère donnent une impression tout aussi grave de claustration et d'échec à l'égard du grand désir, contrepoint de l'ambition, qu'il a de satisfaire sa mère par son travail et son succès. Ce désir apparaît constamment dans les lettres, celles-ci révèlent presque toutes le sentiment d'un devoir à accomplir envers la mère dans les affirmations de travail, les promesses ou les remords. Elles ont quelquefois le caractère de "rapports" sur le travail, pas secs et objectifs comme ceux d'un tiers, mais au ton auto-accusateur qui cherche à emporter la sympathie et la compréhension en anticipant les reproches et en tentant de les réduire d'avance au silence. Satisfaire sa mère serait pour Baudelaire lui prouver que tout poète, tout enfant ingrat qu'il est, tout incapable, il travaille: "Je travaille," annonce-t-il comme un grande nouvelle, "je travaille, parole d'honneur!" Il annonce des publications, des succès financiers, il a "promis force nouvelles," il se trouve "en veine de gagner beaucoup en peu de temps," il va "faire cinq feuilletons pour *l'Esprit public*, demandés—deux pour *l'Époque*, deux pour *la Presse*, un article pour *la Revue nouvelle*. Tout cela constitue une somme énorme.—Je n'ai jamais été doté d'espoirs aussi clairs. . . . J'ai en même temps mon *Salon* sur les bras. . . . Tu vois combien je suis occupé. . ." (I, 100:1843; I, 102:1843; I, 135:1846). Ce programme impressionnant vise à étouffer les doutes de Mme Aupick et à lui donner quelque satisfaction. Mais bien plus souvent on lit le pessimisme de Baudelaire à cet égard, quand les reproches de la mère ont dû être vifs: "Il faut être très indulgent pour moi. . . . Quelque temps encore . . . et mon esprit plus libre me permettra d'être pour toi tel que je voudrais être sans cesse" (I, 122-123:1845), ou tel qu'elle voudrait qu'il fût mais n'était pas. Il voudrait la satisfaire, mais en dépit de ses promesses, il dit bien plus à sa mère ses remords et ses échecs que des succès; en 1853, après un an de silence, il écrit que par sa faute et pour des contretemps d'édition, son travail sur Poe n'a pu paraître; or, "ce livre était le point de départ d'une vie nouvelle," une occasion aussi qu'il avait cru saisir, mais perdue, de satisfaire sa mère:

. . . Ce damné livre, et la perte de confiance de mon éditeur . . . me tourmentent pour une autre raison. Je m'étais fait une joie de te préparer une surprise d'un genre singulier. Je voulais envoyer à M. Aupick un bel exemplaire . . . il aurait compris que cet envoi d'un livre . . . était une preuve d'estime . . . et une preuve que je tiens à la sienne. Tu l'aurais su, et tu en aurais éprouvé quelque satisfaction. C'était là mon unique but. (I, 212, 214:1853)

Faute de mieux, le remords doit servir de satisfaction imaginaire.

Dans une lettre qui suit la mort du général Aupick, Baudelaire, mû par la sympathie, la culpabilité et l'occasion extraordinaire qui devrait jouer en sa faveur, montre de façon bien plus littérale et urgente son désir de satisfaire sa mère et de mériter d'elle en subordonnant son ambition à ce désir. C'est l'occasion d'un examen de conscience suivi inévitablement d'une promesse de changement:

> Tout ce que je me suis permis, nonchalance, égoïsme, grossièretés violentes . . . tout cela m'est interdit.—Tout ce qui sera humainement possible, pour vous créer une félicité particulière et nouvelle pour la dernière partie de votre vie, *sera fait*.—La chose n'est pas si difficile après tout, puisque vous attachez tant d'importance à la réussite de tous mes projets.

La mort du général semble cristalliser définitivement le travail comme moyen de satisfaire la mère: "En travaillant pour moi, je travaillerai pour vous." Pourtant cette mort qui le rend soudain responsable du bonheur de sa mère lui inspire surtout des promesses:

> De mes misérables dettes et de ma célébrité, si indolemment cherchée jusqu'à présent, et désormais si douloureuse à conquérir, *ne vous inquiétez pas trop*.

Le travail y pourvoiera: "Pourvu qu'on fasse tous les jours un peu de ce qu'on a à faire," écrit-il avec la perspicacité du "fainéant," "toutes les difficultés humaines se résolvent naturellement." En échange de ses promesses, il demande à sa mère un témoignage durable de satisfaction, ". . . Une seule chose (*pour moi*), c'est de vous appliquer à vous bien porter et de vivre longtemps, le plus longtemps que vous pourrez." Suit une promesse, ou désir qui se prend pour une réalité: ". . . La semaine prochaine je pourrai vous envoyer quelque chose de moi," quelque chose qui devrait consoler de la perte du général en soulignant la dévotion du fils à sa mère, son importance à ses yeux à elle, et donner la preuve que "je vous appartiens absolument et que je n'appartiens qu'à vous," que tout travail du poète ne sera fait que pour sa mère (I, 403-404:1857).

La lettre suivante est un retour à la normale:

> Quant à mon silence, n'en cherchez pas la raison ailleurs que dans une de ces langueurs qui, à mon grand déshonneur, s'emparent quelquefois de moi, et m'empêchent non seulement de me livrer à aucun travail mais même de remplir les plus simples des devoirs.

Il voudrait aller à Honfleur pour consoler sa mère et travailler: "J'avais pensé à cautériser ma fainéantise, et à la cautériser une fois pour toutes, au bord de la mer, par un travail acharné, loin de toute occupation frivole . . ." (I, 410:1857). Là-bas, il serait "non pas heureux, c'est impossible, mais assez tranquille pour consacrer toute ma journée au travail et toute ma soirée à te divertir et à te faire ma cour" (II, 18:1860). Mais le troubadour va rarement à Honfleur, son excuse est qu'il doit travailler: ". . . Je n'ose pas . . . quitter Paris en laissant derrière moi un livre en train. . . . Tu connais l'effroyable soin que je mets à toutes choses" (I, 450:1858).

Tout au long des lettres de Baudelaire à sa mère s'affirme son désir de la satisfaire, soit explicitement, soit implicitement, par des promesses de travail, des remords, des démonstrations de culpabilité, et des protestations contre le mal-fondé des reproches de sa mère. Les remords de Baudelaire et les reproches de sa mère sont loin d'être tous provoqués par sa difficulté à travailler, mais, dans la mesure où il est poète et a choisi la vocation littéraire, son travail devrait servir à remplir son désir général de satisfaire sa mère, de remédier par là aux difficultés financières, de payer à sa mère ses emprunts, en bref, de remplacer ses "vices" par de bonnes habitudes. La simple vertu n'y suffirait pas, il faut la vertu efficace du travail. Mais est-ce possible? Baudelaire pensant à tous ses "devoirs," à toutes les "responsabilités" écrit: "Mon principal devoir, mon unique même, serait de te rendre heureuse. J'y pense sans cesse. Cela me sera-t-il jamais permis?" (II, 432:1865).

Baudelaire semble parler aussi sérieusement de son désir de satisfaire sa mère que de son ambition, souvent dans un même souffle d'abattement ou de foi: "Tu ne peux pas t'imaginer combien de fois j'ai mêlé, dans mes projets, ma vie à la tienne" (II, 143:1861). "Je voudrais te donner . . . une immense satisfaction. . . . Tu es mêlée inévitablement à tous mes rêves de succès et de libération" (I, 274:1854). Pourtant il n'unifie pas ses deux grands désirs, il les garde distincts, même si leur but semble commun et que l'accomplissement de l'un semble être celui de l'autre; il ne voit pas de conflit entre eux, mais montre quand même une certaine contrainte: ". . . J'ai une soif diabolique de jouissance, de gloire et de puissance," écrit-il, puis ajoute: "Cela, je dois le dire, est traversé souvent, pas assez souvent,—n'est-ce pas, ma chère mère?—par le désir de vous plaire" (I, 360:1856). Mail il écrit aussi: ". . . *La littérature doit passer avant tout, avant mon estomac, avant mon plaisir, avant ma mère*" (à Ancelle, II, 414: 1864). La littérature est la voie à la gloire et Baudelaire finit par lui reconnaître la prééminence sur le devoir de satisfaire sa mère mais, sans doute, non sans peine, et s'il donne si souvent la même importance à l'une et à l'autre, c'est peut-être sans qu'il s'en doute une profonde contradiction. On se retrouve donc inévitablement dans le domaine familier de la dualité baudelairienne, terrain de conflit de désirs ou d'élans qui limitent mutuellement leur efficacité et la liberté du poète, contribuant ainsi au sentiment de claustration.

Le désir de satisfaire sa mère par son travail n'est pas un déshonneur, chaque lettre le démentirait, mais il forme un contraste profond avec des aspirations d'héroïsme. Quand Baudelaire écrit: "Vous pouvez, . . . avoir . . . pleine confiance en ma destinée" (I, 359:1856), ou encore: "Je t'en prie, écris-moi que tu te portes bien, que tu m'aimes bien, et que tu as confiance dans ma destinée"(I, 644:1859), celle-ci semble soudain perdre de son éclat, comme s'il la partageait avec sa mère qui en devenait le juge. Il se forme aussi une tension avec les affirmations du poète-critique, instaurateur de réformes fondées sur la primauté du moi et de ses senti-ments, sa volonté et son indépendance. Chercher à satisfaire sa mère par le travail serait, en effet, une norme étrangère à l'héroïsme, à la préten-sion de n'obéir qu'au moi et d'être libre de tout lien. Au lieu de travailler pour soi-même, poursuivre son ambition et écrire pour un vaste public (même posthume), chercher à satisfaire sa mère est travailler pour autrui, pour le public le plus limité qui soit et qui n'apprécierait une œuvre que par son succès mondain ou financier et par le travail qu'elle représente.

Si Baudelaire prétend satisfaire sa mère par son travail, il ne tient aucun compte de cette obligation en ce qui concerne son œuvre elle-même, et quand il écrit, il n'écrit que "selon qu'il sent." Un exemple flagrant de contradiction entre ce désir conforme à son ambition et celui de satisfaire la mère est celui des *Fleurs du Mal*; Baudelaire est fier de son livre: "Je sais que ce volume . . . fera son chemin . . . à côté des meilleures poésies de V. Hugo, de Th. Gautier et même de Byron." C'est une promesse de succès qui devrait faire plaisir à Mme Aupick, pourtant Baudelaire hésite à lui montrer ses poésies: "J'avais eu d'abord . . . l'intention de ne pas vous les montrer. Mais en y pensant mieux, il m'a semblé que puisque vous entendriez, après tout, parler de ce volume, . . . la pudeur serait de ma part aussi folle que la pruderie de la vôtre." Anticipant le déplaisir de sa mère, il défend son livre, mais en lui donnant une couleur si noire qu'il risque de faire passer sa mère dans le camp des "imbéciles" qu'il a mis en fureur: "Vous savez que je n'ai jamais considéré la littérature et les arts que comme poursuivant un but étranger à la morale. . . . Ce livre . . . est revêtu d'une beauté sinistre et froide; il a été fait avec fureur et patience. . . . La preuve de sa valeur positive est dans tout le mal qu'on en dit. Le livre met les gens en fureur" (I, 410-411:1857). Fureur partagée par la mère. Baudelaire lui envoie pourtant le *"livre* . . . que vous avez si singulièrement repoussé quand vous avez jugé bon de joindre vos repro-ches aux outrages dont j'étais accablé de tous les côtés." De façon surprenante, il la supplie pourtant d'"être, désormais, pleine d'indulgence . . ." (I, 436-437:1857).

Il ne la satisfait pas non plus par le projet de *Mon Cœur mis à nu*: ". . . Ce que tu me dis de *Mon Cœur mis à nu* m'est . . . désagréable . . ." (II, 305:1863). Il ne risque pas non plus de le faire avec ses "Poèmes en prose," cet "ouvrage singulier, plus singulier, plus volontaire du moins, que les *Fleurs du Mal*, où j'associerai l'effrayant avec le bouffon, et même la tendresse avec la haine" (II, 473:1865). D'un autre côté il s'offense du trop grand succès de ses traductions aux yeux de sa mère: ". . . Ton admiration pour Edgar Poe te fait oublier un peu mes propres travaux. . . . Je ne te laisserai plus jamais voir les blessures que tu m'infliges. Mais il est bien vrai que les familles, les parents, les mères connaissent fort peu l'art de la flatterie" (II, 305:1863). Il lui envoie quand même tout ce qu'il écrit et tout ce qu'on écrit sur lui, recommandant: ". . . Rien ne doit être perdu. Qui sait si tu ne seras pas un jour heureuse de ramasser tout ce que j'ai fait" (II, 138:1861). Il semble qu'en général Baudelaire, à peu près sûr de choquer sa mère par une œuvre qui répond à son ambition, n'en cherche pas moins à la satisfaire par cette œuvre qu'elle désapprouve mais qui est preuve de travail.

C'est surtout en regard du développement dans l'œuvre de l'ambition en désir d'héroïsme que son association avec le désir de satisfaire la mère semble aussi paradoxale et vouée à l'échec. Ce deuxième désir représente non seulement un but limité mais aussi une distorsion de l'ambition, une limitation à l'essor et à l'indépendance du poète-héros, du moi concentré qui ne doit rien à personne. Un autre élément de dualité ou de conflit possible est la différence d'orientation temporelle: c'est au présent que Baudelaire essaye d'accomplir le double effort de travailler pour lui-même et sa mère, mais il ne peut unifier les deux désirs qui le fondent, car l'ambition oriente l'imagination vers l'accomplissement de ce qui n'est pas encore, alors que le désir de satisfaire sa mère s'oriente au contraire vers le passé, vers ce qui est fermé au changement; il se rattache à des normes du passé, au souvenir d'un devoir qui doit rester irrémédiablement inaccompli. C'est la réitération d'un devoir envers la mère qui aurait dû être accompli par Baudelaire enfant et que le remords conserve; chercher à réparer l'irréparable l'immobilise donc dans une attitude d'enfance qui le lie au passé, alors que l'ambition créatrice est un désir qui devrait l'en arracher vers le futur. En dernier lieu, peut-être la nécessité de travailler pour satisfaire autrui est-elle loin d'inciter à l'ardeur au travail, qu'on le reconnaisse ou non, de façon assez souterraine puisqu' inadmissible mais assez forte pour être un obstacle de plus; il est impossible de se donner tout entier à l'accomplissement d'une destinée glorieuse si on doit garder l'œil sur la satisfaction d'autrui. Il se produit une résistance intérieure, un refus d'action qui se traduit en inertie et qui a pour effet malencontreux que si on répugne, même sans le voir clairement, à travailler pour autrui, on renonce en même temps à travailler pour soi-même et on risque de choisir la honte de l'échec plutôt qu'une gloire qui ne serait pas sans partage. Cette résistance est une forme de révolte contre des impératifs imposés dans l'enfance et que l'âge d'homme n'a pas étouffés; y obéir risque de faire du héros un enfant, mais se révolter contre eux contribue à la difficulté créatrice. Les affirmations perpétuellement répétées du désir de Baudelaire de satisfaire sa mère sont peut-être une façon de se voiler la contradiction, et son aspiration à un héroïsme fondé sur le travail et la volonté reflète peut-être la nécessité de l'effort héroïque à accomplir pour échapper à ce conflit paralysant, et travailler. Baudelaire se sent emprisonné, certes, mais sans voir dans quelle mesure son devoir envers sa mère est un des modes de son emprisonnement, car c'est avec elle qu'il veut s'en arracher dans la même évasion: "Tu es mêlée inévitablement à tous mes rêves de succès et de libération" (I, 274:1854).

Ce qui emprisonne Baudelaire c'est d'abord ce conflit de désirs contradictoires qui frêne la faculté créatrice, puis son effet moral, le sentiment d'un double échec et d'une double culpabilité envers sa mère et envers soi-même. Comme c'est essentiellement par rapport à autrui que l'action prend un caractère moral, le désir de Baudelaire de satisfaire sa mère apparaît comme un devoir, et comme le moyen de le remplir est d'accomplir son ambition, il finit par voir son ambition elle-même sujette en retour à un jugement moral, et à sentir qu'il a à remplir envers soi-même un devoir encore plus qu'une ambition—même si la morale n'a rien à voir dans ce conflit. N'accomplissant ni l'un ni l'autre de ses deux devoirs, Baudelaire se trouve doublement coupable. Il montre dans une lettre sa culpabilité envers sa maîtresse, puis renchérit sur ce thème:

> . . . Ne suis-je pas coupable de ce côté comme de tous les côtés? A toi je devais pour ta vieillesse te donner la joie que pouvait te faire espérer mon talent,—je ne l'ai pas fait.—Je suis coupable envers moi-même;—cette disproportion entre la volonté et la faculté est pour moi quelque chose d'inintelligible.—Pourquoi, ayant une idée si juste, si nette du devoir et de l'utile, fais-je toujours le contraire? (I, 214:1853)

"Je me demande à quoi je sers, si ce n'est à te faire du mal," écrit-il ailleurs (II, 71:1860). Toutes les lettres contiennent ce message implicite de culpabilité. Mais ces accusations dont il s'accable si libéralement, il les repousse avec fureur quand sa mère vient les corroborer par ses reproches, en faire des insultes ou une intrusion dans son image de soi: "Tu sais que je suis accablé de tourments physiques, spirituels . . . et à tout cela tu ajoutes des injures. Si au moins les injures donnaient du génie!" (II, 113:1861). Il rage contre son incompréhension: ". . . Je m'attendais . . . à quelques mots de compliments, . . . à des félicitations sur mon courage et mon activité. . . . Je m'attendais aussi à quelques mots de tendresse et d'encouragement. Rien de cela, rien" (I, 372:1857). Il écrit même un jour: "Veux-tu me rendre un grand service? c'est de ne m'écrire une immense lettre de reproches que dans quelques jours" (I, 684:1860).

On a l'impression que le travail est le moyen capital qui devrait justifier Baudelaire aux yeux de sa mère, mais que, en raison de sa difficulté, il semble réduit à prouver son désir de la satisfaire, bien plus que par des succès ou même des promesses, par l'expression de sa culpabilité, celle-ci étant faute de mieux signe de bonnes intentions: ce sentiment ambivalent lie à la mère et sépare d'elle à la fois, de même qu'il rôde autour du travail sans servir à l'accomplir. Il rappelle la vaste culpabilité que respire l'œuvre poétique de Baudelaire qui se traduit soit en action imaginaire—revendication du mal, conscience dans le mal, sadisme—soit en inaction ou abdication dans l'ennui. La culpabilité déborde donc largement les lettres de Baudelaire à sa mère, mais même dans ce contexte elle semble trop grande pour s'expliquer aisément: Baudelaire semble possédé par une culpabilité primaire et flottante qui préexistait à la difficulté du travail et s'est attachée à elle pour se donner un corps et une raison d'être, mais qui la déborde et ne peut être exorcisée par le travail. Il semble alors que le désir de Baudelaire de satisfaire sa mère par son travail est un écran, ou une apparence, un devoir illusoire qui masque un autre désir beaucoup plus profond.

On se demande alors quel est le vrai motif de Baudelaire, serait-ce la peur de sa mère? "Ma mère est fantastique; il faut la craindre et lui plaire," écrit-il dans *Fusées* (XIII). Il admet cette crainte dans les lettres, mais elle ne fait que refléter la culpabilité et n'explique rien: "Il faut . . . que tu apprennes une chose que probablement tu n'as jamais devinée," écrit-il à sa mère, "c'est que tu m'inspires une très grande crainte. . . . J'ai reçu deux lettres. Elles ont longtemps brûlé ma poche, et ce n'est que fort tard que j'ai trouvé le courage de les lire" (II, 3:1860). "Je n'ose pas décacheter tes lettres. Devant une lettre je ne suis pas brave" (II, 17:1860). Faut-il croire que Baudelaire voyait en sa mère un personnage terrifiant, ou comme l'écrit Sartre un "juge" qu'il se serait choisi?

Les lettres de l'enfance montrent déjà comment la mère jouait ce rôle, mais de son propre chef, le petit Baudelaire ne faisant que suppléer les termes légaux; c'est comme si elle s'était dédoublée pour assumer en tant que juge un rôle de père punitif aux dépens de son rôle purement maternel: la mère devenue juge déformait les rapports de l'enfant avec ce qui en elle était la vraie mère, le juge punissant le mauvais travail de l'enfant en lui refusant le droit à l'amour et à la présence maternels, contrecarrant ainsi ses besoins. Les droits légitimes dont l'enfant devrait jouir sans avoir à les demander, il devait les mériter par son travail qui les transformait alors en récompenses, ou sinon ne plus y penser et voir dans le bonheur une chose inaccessible ou défendue. Qu'il travaille ou ne travaille pas, il conservait un besoin mal rempli de sa mère, la satisfaction de celle-ci devenant cause de mérite, ou sa non-satisfaction cause de culpabilité. Cette interaction du travail, du mérite et du besoin, née dans la privation et l'isolement de l'internat, semble s'être prolongée chez Baudelaire de l'enfance jusque dans l'âge adulte, comme si l'emprisonnement et la distance réels s'étaient intériorisés pour devenir habitude subjective de la claustration ou structure de l'esprit.

Le besoin de la mère semble s'être maintenu de lui-même car il ne s'évapore pas par magie quand vient l'âge adulte: selon des thèses de la psychologie moderne, les besoins propres à une étape de la vie doivent être remplis de façon satisfaisante au moment où ils sont ressentis; le délai ou la non-résolution les exacerbent et provoquent puis renforcent leur survivance, qu'on le veuille ou non, et risquent de compromettre ensuite chaque étape de la vie. En même temps que le besoin se maintient aussi le moyen d'y faire face grâce à la satisfaction de la mère. Ce désir de Baudelaire n'est donc pas un voeu tout à fait gratuit ou désintéressé, un but en soi ou un hommage, mais aussi comporte l'espoir de recevoir quelque chose en retour: Baudelaire a gardé vivaces son besoin d'enfant et en même temps le moyen anachronique de compenser l'absence de réponse naturelle de la mère par le mérite qui fait reconquérir amour et approbation—attitude d'enfance qui chez l'adulte lie l'accomplissement de l'ambition au besoin par l'entremise du devoir envers la mère.

A une surévaluation du travail devait probablement correspondre une dévaluation de la personne—Baudelaire enfant puis adulte n'a de valeur semble-t-il que par son travail—provoquant le ressentiment de ne pas être aimé pour soi-même. Celui-ci se manifeste là où il est le plus effectif, où il "fait le plus mal," c'est-à-dire dans le domaine du travail, comme résistance ou paresse—ce qui punit la mère mais nuit par contrecoup aux efforts de l'ambition, et rend coupable. Si Baudelaire se sent coupable, c'est d'abord à cause du sentiment obscur qu'il ne mérite pas d'être aimé et en deuxième lieu seulement à cause de son échec à satisfaire sa mère et à remplir un devoir envers soi-même. Le devoir de satisfaire la mère serait donc plutôt qu'un devoir réel un devoir illusoire servant de trait d'union entre deux choses incompatibles et qui ne sauraient se rejoindre qu'indirectement, l'ambition du poète et le besoin qui le lie à sa mère—la véritable tension étant entre l'ambition et le besoin, entre la liberté du héros et la dépendance du fils. C'est alors qu'apparaît encore plus clairement le rôle des lettres comme véhicules du devoir illusoire.

De même que l'ambition est souvent étroitement liée dans les lettres au désir de satisfaire la mère, quoique sans se fondre avec lui, ce deuxième désir à son tour est lié à l'expression du besoin, le tout formant une trinité qu'il faut arbitrairement décomposer pour en analyser les éléments. Un fragment de lettre montre comment ils se lient sans se fondre en un: "Si tu savais de quelles pensées je me nourris: la peur de mourir avant d'avoir fait ce que j'ai à faire; la peur de ta mort avant que je t'aie rendue absolument heureuse, toi le seul être avec lequel je puisse vivre doucement, sans ruses, sans mensonges . . ." (II, 17:1860). "Ce que j'ai à faire," c'est le devoir envers soi-même, ou l'ambition; rendre la mère "absolument heureuse" serait d'une façon générale la satisfaire; "vivre doucement" avec elle "sans ruses, sans mensonges" est le rêve d'union et de communication immédiate avec la mère. La pensée pessimiste, mêlée de peur et de culpabilité, de la mort de la mère et du fils est le thème qui unit les trois éléments. Dans l'ensemble des lettres, c'est aussi souvent en fonction de l'échec que s'unissent le besoin de Baudelaire et le désir de satisfaire sa mère.

Ambition et besoin pourraient théoriquement rester autonomes, l'un évoluant en héroïsme dans la liberté et la séparation, l'autre aboutissant à une union imaginaire ou réelle avec la mère; mais il faudrait que Baudelaire choisisse l'un aux dépens de l'autre, renoncer soit au besoin, soit à la gloire. Mais il ne veut ni ne peut même sans doute faire ce choix trop douloureux. Alors il écrit à sa mère ces lettres où il lui parle de son ambition, de son désir de la satisfaire, de son besoin d'elle; de même que le désir de satisfaire la mère sert de trait d'union entre les deux grands désirs, ce sont ces lettres qui sont le moyen essentiel de préserver le trait d'union, qui doivent servir à compenser la distance, réelle ou morale, grâce à de "bonnes nouvelles" sur le travail ou le succès de l'ambition, c'est-à-dire quelque chose qui serait de nature à satisfaire la mère et rendrait alors parfaitement légitime l'expression du besoin—celui-ci devant autrement se tenir coi.

On suppose alors aux lettres un rythme idéal qui permettrait l'équilibre du besoin et de l'ambition. Mais ce rythme idéal est brisé parce que Baudelaire, coupable par sa paresse de ne pas satisfaire sa mère, ne se sent pas toujours en droit de lui dire son besoin et sa nostalgie; il s'impose en principe de n'écrire que s'il a de bonnes nouvelles mais n'obéit pas à cette résolution, et même s'il n'a rien de bon à annoncer il suspend la règle et laisse éclater son besoin. Ceci explique le staccato des lettres, leur rythme irrégulier, les longs silences interrompus par des explosions de besoin, vrais cris d'angoisse et de solitude, accompagnés non de bonnes nouvelles de nature à satisfaire la mère, mais de culpabilité, de promesses de travail et de mérite. Dans la mesure où la même chose se répète constamment, le rythme des lettres, irrégulier dans le détail, finit par acquérir une vaste régularité, une circularité qui contribue à l'impression de claustration.

Baudelaire a écrit à sa mère une foule de lettres: pourtant en dépit de son besoin d'elle et de son désir de le lui dire, il lui est difficile d'écrire, de justifier son droit à écrire sans bonnes nouvelles à annoncer: "Je t'avais promis de t'écrire deux fois par mois, et voilà six semaines. . . que je ne t'ai pas écrit. Cela tient à la vanité que j'avais de t'annoncer quelque chose d'heureux. . . . Or, il n'en est rien, rien, ou si peu que rien" (I, 175:1851). Il écrit pourtant et répète sans cesse la même chose comme un leit-motiv: ". . . Ma mère, à qui je n'osais plus écrire, n'ayant rien de bon à lui annoncer . . ." (I, 194:1852). "Crois, si tu le peux, que si je ne t'écris pas, c'est seulement quand je ne suis pas *content de moi*" (I, 607:1859). Alors, faute de lettres trop difficiles à écrire sans bonnes nouvelles, Baudelaire leur trouve des substituts qui finissent par trouver leur chemin dans les lettres; il pense à sa mère: "Je pense *souvent* à toi, je peux même dire: *sans cesse* . . ." (I, 503:1858). Il rêve d'elle: ". . . Jamais une journée ne se passe sans que je rêve à toi" (II, 400:1864), mais ce sont parfois des rêves "d'une nature désagréable" car nourris de culpabilité (I, 512:1858).

Il lui parle tout bas mais sans recevoir de douces réponses imaginaires:

> Je te dirais que plongé dans mes affreuses mélancolies, je cause souvent tout bas avec toi, tu ne me croirais pas. Tu croirais que ce sont des fictions de politesse filiale. J'ai une âme si singulière que je ne m'y reconnais pas moi-même. (I, 217:1853)

Il lui écrit aussi des lettres imaginaires:

> Malgré la multiplication des lettres que je t'ai écrites, *imaginativement*, car depuis un an, je me suis figuré chaque mois que j'allais t'écrire—ma lettre sera courte. Je suis dans de tels embarras . . . que j'ai à peine une heure à donner à cette lettre, qui devrait être un plaisir pour moi, et qui est juste le contraire. Depuis longtemps, j'ai si bien embrouillé ma vie que je ne sais même plus trouver le temps pour le travail. (I, 210:1853)

Sous une autre forme, la même lettre se répète encore bien des fois:

> Comment se fait-il qu'il soit si difficile d'écrire à sa mère et que cela se fasse si rarement? Une chose si simple et qui devrait être si douce. —Mais il est si difficile aussi de faire n'importe quoi de ce qui est bon et qui est le devoir. . . . (II, 272:1862)

De chose simple et douce, de plaisir, écrire devient un devoir agréable puis déplaisant, un véritable travail, et même une punition:

> Tu affirmes que je te fais souvent et beaucoup souffrir;—quand même ma punition ne consisterait que dans la nécessité d'écrire ces insupportables lettres—*expliquer, expliquer, —toujours expliquer,*—ma punition serait suffisante. (I, 303:1854)

Mais Baudelaire n'est pas toujours sûr de quoi il est coupable:

> Si tu pouvais entendre ma pensée à distance, comme tu te dirais souvent: voilà mon fils qui pense à moi! —mais tout çà, c'est des paroles et des suppositions poétiques. Tu aimerais bien mieux que je te prouvasse mon zèle. (II, 273:1862)

Ce "zèle" en effet doit englober les deux devoirs d'écrire à sa mère et de la satisfaire, se résumant ainsi en travail. Ainsi écrire des lettres finit par être victime de la difficulté générale de Baudelaire à l'égard de tout travail, c'est-à-dire sa "paresse":

> Quant à mon silence, n'en cherchez pas la raison ailleurs que dans une de ces langueurs qui . . . m'empêchent non seulement de me livrer à aucun travail mais même de remplir les plus simples des devoirs. (I, 410:1857)

Finalement, dans la mesure où le devoir d'écrire des lettres n'est pas rempli, il devient impossible à distinguer de tous les autres devoirs qui ont trouvé le même sort et participe au vaste échec que Baudelaire voit en sa vie et qu'a provoqué "la détestable habitude de renvoyer au lendemain tous mes devoirs, même les plus agréables" (II, 341:1863), ce vice si néfaste et si incompréhensible qui apparaît comme une intervention du diable:

> Quand les nerfs d'un homme sont très affaiblis par une foule d'inquiétudes et de souffrances, le Diable, en dépit de toutes les résolutions, se glisse tous les matins dans son cerveau sous la forme de cette pensée: Pourquoi ne pas me reposer une journée dans l'oubli de toutes choses? Je ferai cette nuit, et tout d'un coup, toutes les choses urgentes. Et puis la nuit arrive . . . une tristesse écrasante amène l'impuissance, et le lendemain la même comédie se joue de bonne foi. . . . (I, 450-451:1858)

On croirait presque, à lire ces lettres, que Baudelaire en avait à peine écrit, sans doute parce que ses véritables lettres étaient imaginaires et indignes d'être écrites. La difficulté d'écrire due au mécontentement de soi-même et à la culpabilité envers la mère finit par compromettre l'expression du besoin lui-même, tout en montrant paradoxalement que ce besoin qui se manifeste comme "rêverie," inhibition du travail et "léthargie" est en vérité lui-même à la source de cette difficulté, d'écrire, de communiquer et de travailler.

Le besoin qui est un lien essentiel entre Baudelaire et sa mère menace donc, faute de se sentir le droit de s'exprimer, de se renfermer sur lui-même et de provoquer une rupture totale entre le fils et la mère. C'est pourquoi, alors, faisant fi de la défense qu'il s'est imposée de jamais écrire faute de bonnes nouvelles, Baudelaire laisse exploser son pur besoin de sa mère.

Presque toutes les lettres expriment le besoin de Baudelaire, mêlé aux soucis de l'ambition et du désir de satisfaire sa mère, ou à l'état pur. Ce sont parfois de véritables cris de douleur et de solitude, des appels, des exigences d'amour; privé de sa mère par leurs brouilles, sa révolte, sa culpabilité, qu'il l'ait offensée par ses reproches, ses erreurs, ses dettes, sa paresse et se soit aliéné son affection, qu'il hésite ou se refuse à rétablir une communication directe, à cause de la distance finalement, comme l'agneau de Du Bellay, Baudelaire appelle sa mère avec colère ou désespoir. Il ne s'agit pas de prouver ou d'expliquer une dépendance si connue et dont il serait "très absurde d'ignorer l'importance,"[5] mais de voir dans quelle mesure elle contribue à la difficulté créatrice de Baudelaire, et comment le lien qu'elle constitue contribue lui aussi à l'impression de claustration.

Même si ce besoin est si connu, on peut le rappeler par quelques exemples, voir quelles formes il prend et comment il évolue. Jamais la pensée de sa mère ne quitte Baudelaire: "Je pense *souvent* à toi, je peux même dire: *sans cesse*" (I, 503:1848). Il souffre de sa privation: "Prenez-vous donc mes souffrances pour une plaisanterie? et avez-vous le courage de me priver de votre présence?—je vous dis que j'ai besoin de vous, qu'il faut que je vous voie, que je vous parle" (I, 126:1845). Plus tard: ". . . Me croyez-vous l'âme assez forte pour supporter une solitude perpétuelle?" (I, 147:1847).

Il écrit encore:

Je ne peux jamais te voir; je ne peux pas aller chez toi, et tu ne veux pas venir. C'est un bien mauvais calcul, car tu ne saurais croire quel bien il me semble quelquefois que j'éprouverais à te voir. Tu n'y crois pas, tu te moques d'une tendresse que tu crois feinte; voyons, sois bien aimable, qu'est-ce qui t'empêche de venir me voir aujourd'hui. . . . Je te demande cela comme une grâce. . . . Je ne te vois jamais, et tu t'obstines à m'imposer cette privation comme un châtiment. (I, 268:1854)

Sur un ton encore plus pitoyable il lui écrit:

J'ai le cœur gros, gros de mille choses. Voici la quatrième fois que je vous supplie de me permettre de vous embrasser. Je ne comprends pas quelle raison vous fait vous obstiner à me le refuser. Je vous demande cela . . . comme un homme fatigué, blessé demande un plaisir, un réconfortant, un cordial. (I, 349-350:1856)

Mais toutes ces plaintes ne compensent pas la privation ni le besoin, aussi celui-ci qui ne se croit pas entendu se change-t-il en colère. Si sa mère ne croit pas à son affection, Baudelaire lui adresse le même reproche: "Il paraît que vous ne *voulez pas* me voir. Vous ne m'aimez même pas assez pour cela." Il la menace d'un oubli vengeur: "Si je ne vous trouve pas chez

[5] C. Mauron, *Des Métaphores obsédantes au Mythe personnel: Introduction à la Psychocritique* (Paris: Corti, 1963), p. 140.

vous entre midi et deux heures, *vous ne me verrez plus. Est-ce clair?"* (I, 132:1845).

Humble et coupable comme dans son enfance, il se dit heureux de recevoir, faute de mieux, des reproches: "Malgré tes colères, tu m'as fait beaucoup de bien. C'est si bon de sentir qu'on n'est pas absolument *seul* contre tous" (II, 5:1860). Une autre lettre répète la même chose encore plus clairement, liant solitude, ennui, privation de la mère et reproches de celle-ci:

> Je m'ennuie à un degré que tu ne peux pas deviner . . . et quoique générale-
> ment j'aie peur de tes lettres . . . j'attends toujours impatiemment *ces mêmes*
> *lettres.* Tu me dirais les choses les plus désagréables *que j'y prendrais encore*
> *plaisir.* . . . (ii, 400::1864)

Peut-être la coïncidence des reproches et de l'auto-accusation était-elle un lien plus réel que l'indifférence mutuelle.

Le besoin de Baudelaire se montre parfois d'une exigence terrible: ". . . Sans vouloir t'adresser une câlinerie, j'ai une soif diabolique de te voir" (II, 32:1860). Il colore de même ses voeux pour la santé de sa mère: "Dis-moi que tu te portes bien . . . et que tu vivras longtemps, longtemps encore, pour moi et rien que pour moi. Tu vois que j'ai la férocité et l'égoïsme de l'affection" (II, 255:1862). Loin de nier son égoïsme, Baudelaire l'explique, le justifie même par la séparation d'avec sa mère, si douloureuse parce que répétition de celle de son enfance: "Je ne veux pas qu'en me lisant tu croies que l'égoïsme seul me dirige." Comme un enfant vieilli, il reprend pitoyablement: "*Ma mère ne me connaît pas, elle m'a à peine connu; nous n'avons pas eu le temps de vivre ensemble. Il faut pourtant que nous trouvions en commun quelques années de bonheur*" (I, 452:1858).

Ce besoin frustré, ardent et exigeant que Baudelaire appelle curieuse-ment "affection" devrait pour justifier son expression pousser à travailler ou, à défaut, à écrire des lettres qui satisferaient à demi la mère. Mais il se révèle, au contraire, comme une inhibition majeure à l'effort. En effet, le travail d'écrire à sa mère, qui devrait être un "devoir agréable," ou un moyen d'expression pour les plaintes, la nostalgie, le besoin, l'affection, Baudelaire a la "détestable habitude" de le "renvoyer sans cesse au lende-main." Cette procrastination est l'effet des "langueurs" dont il parle, de la "léthargie" qui inhibe toute action. "Cet état somnolent qui ressemble beaucoup au spleen" est aussi "rêverie," "ennui," "indécision," ou vapori-sation de la volonté (II, 542:1865). Tous ces états très similaires ayant pour même effet l'inhibition du travail, la paresse, proviennent vraisem-blablement de la même cause, du besoin que Baudelaire a de sa mère, du ressentiment qui le possède de ne pas le voir assouvi et de la colère contre ce qui est privation de liberté qu'il s'inflige à lui-même.

Sagnes voit dans l'"ennui" de Baudelaire la souffrance née d'une privation et de l'absence de quelque chose qui reste si vague et si difficile à saisir
et à comprendre qu'elle semble n'avoir pas d'autre voie pour se connaître
et se donner un nom que de se fondre dans une tradition littéraire.[6] De
son côté, Mauron voit dans l'ennui "présenté comme le vice des vices,"
dans le poème "Au Lecteur," "une agressivité contenue, une violence
immobile." "La psychanalyse," ajoute-t-il, "nous a, en effet, révélé que,
loin d'être un 'état d'âme' plus ou moins romantique, l'Ennui était le
résultat d'un jeu de forces en partie inconscient,"[7] autrement dit un
sentiment apparemment simple voilant les éléments d'un conflit qui doit
rester caché. Il amplifie ailleurs, résumant toutes les haines de Baudelaire:
". . . Quand cette haine se décharge mal, elle produit l'ennui, la 'léthargie
horrible', ce concentré de culpabilité, de refus et de rage, qui provoque
d'abord, dans une lourde angoisse, 'l'impossibilité d'agir.'"[8] Ces deux
explications ne s'excluent pas mutuellement, l'ennui selon Sagnes étant
privation et tristesse provoquant la rêverie douloureuse , et selon Mauron
refus inconscient. D'une façon comme de l'autre il est détournement
d'énergie au profit de la colère, déperdition d'être qui mine la faculté
créatrice.

En termes plus poétiques, Baudelaire orchestre les thèmes de l'ennui,
de la rêverie, de la paresse, du besoin et même de la satisfaction de la mère.
Il écrit de Belgique:

> . . . Ma chère mère, je m'ennuie mortellement; ma grande distraction est de
> penser à toi. Ma pensée est toujours dirigée vers toi. Je te vois dans ta
> chambre ou ton salon, travaillant, allant, agissant, maugréant, et me faisant
> des reproches de loin. Et puis je revois toute mon enfance passée près de toi,
> et la rue Hautefeuille, et la rue Saint-André-des-arts; mais je me réveille de
> temps en temps de mes rêveries, et je me dis avec une sorte de terreur:
> "L'important est de prendre l'habitude du travail, et de faire de ce désagréa-
> ble compagnon mon unique jouissance. Car il viendra un temps où je n'en
> aurai plus d'autre" (II, 553-554:1865)

La pensée heureuse de la mère apparaît comme remède à l'ennui, sous
forme de rêverie assez profonde pour évoquer sa présence; jusque dans le
rêve, la culpabilité projetée sur la mère donne à celle-ci une figure plus
substantielle. Comme la rêverie abolit la distance dans l'espace, elle l'abolit
aussi dans le temps en ressuscitant l'enfance où le bonheur est recélé. Mais
cette rêverie heureuse qui compense le besoin par l'imagination est aussi

---

[6] G. Sagnes, *L'Ennui dans la Littérature française de Flaubert à Laforgue (1848-1884)* (Paris:
Colin, 1969), passim.

[7] C. Mauron, "Premières recherches sur la structure inconsciente des *Fleurs du Mal*," Actes
du Colloque de Nice (25-27 mai 1967), Annales de la Fac. des Lettres et Sc. humaines de
Nice, IV-V (Paris: Minard, 1968), 132.

[8] Mauron, *Le dernier Baudelaire* (Paris: Corti, 1966), p. 18.

paresse totale et ennemie du travail; à la pensée du travail désagréable s'associe la terreur, suggérée dans la dernière phrase, de la solitude absolue, du désespoir, peut-être même de la mort de la mère. En résumé, à l'ennui, le remède est le rêve heureux qui est aussi paresse et dont il faut se réveiller pour reprendre le travail. Cette progression doit se répéter pour former un cycle, du travail au rêve à l'ennui et derechef au rêve et au travail. Des trois maux, le pire est l'ennui qui n'est pas seulement paresse mais mort temporaire de l'âme, perte du pouvoir de l'imagination de rêver le bonheur ou la gloire.

La colère souterraine peut aussi exploser dans l'exaspération et se tourner vers autrui. "Je ne suis plus l'enfant ingrat et violent," écrit Baudelaire (II, 150:1861), mais il révèle pourtant une agressivité oblique dans son insistance presque sadique sur l'imminence de la vieillesse de sa mère et de la sienne, sur celle de leur mort à tous deux, et enfin sur son désir de suicide. "Je ne suis pas positivement vieux, mais je puis le devenir prochainement," écrit-il comme si la vieillesse était une arme. ". . . Je peux devenir vieux; mais il y a pire. L'un de nous peut mourir. . . ." C'est le contraire qu'il exige alors de sa mère: "Je veux tout, tout d'un seul coup, un rajeunissement complet, une satisfaction immédiate de corps et d'esprit," ou satisfaction immédiate de son besoin frustré (I, 325-326:1855). Plus nostalgique que menaçant, il se demande, ailleurs, s'il est "encore temps pour nous de vivre ensemble," ". . . encore temps pour que nous soyons heureux" (II, 139:1861). Puis vient la menace ultime de la mort voulue: "Je vois toujours devant moi le suicide comme l'unique et surtout la plus facile solution de toutes les horribles complications dans lesquelles je suis condamné à vivre depuis tant d'années" (II, 201:1861).

Le suicide apparaît comme issue explosive quand toutes les voies semblent bouchées, quand l'ambition totalement frustrée cède le pas au besoin qui, à son paroxysme, reste aussi déçu: "Je t'en supplie, viens, viens. Je suis à bout de force nerveuse, à bout de courage, à bout d'espérance. . . . Je vois ma vie littéraire à tout jamais entravée. Je vois une catastrophe" (II, 154:1861). Baudelaire parle aussi à d'autres de son désir de suicide, ne soulignant que l'impuissance créatrice; à Poulet-Malassis:

> Depuis deux mois surtout, je suis tombé dans une atonie et une désespérance alarmantes. Je me suis senti attaqué d'une espèce de maladie à la Gérard, à savoir la peur de ne plus pouvoir penser, ni écrire une ligne. (II, 135-136:1861)

"Je suis sans cesse . . . au bord du suicide," écrit-il à plusieurs reprises; mais il accuse sa mère d'égoïsme pour vouloir la même chose que lui: ". . . Ton désir de mourir est bien absurde et bien peu charitable, puisque ta mort sera pour moi un dernier coup, et l'impossibilité absolue du bonheur" (II, 140:1861). Ce qui le choque, c'est qu'on veuille mourir sans lui ou sans sa permission; inversement son besoin et son ressentiment sont si intenses qu'il ne peut parfois penser à sa propre mort sans penser aussi à celle de sa mère: "Nous sommes évidemment destinés à nous aimer, à vivre l'un pour l'autre. . . . Et cependant . . . je suis convaincu que l'un de nous tuera l'autre, et que finalement nous nous tuerons réciproquement. Après ma mort, tu ne vivras plus, c'est clair. Je suis le seul objet qui te fasse vivre. Après ta mort, surtout si tu mourais par une secousse causée par moi, je me tuerais, cela est indubitable" (II, 150-151:1861). Ainsi, s'il n'est plus "temps de vivre ensemble," il est toujours temps de mourir l'un par l'autre, et Baudelaire conjugant presque le désir de suicide avec le désir matricide ne va même pas jusqu'à l'ambivalence que Freud trouvait dans la pensée de suicide.

Mais Baudelaire ne fait que penser à ces deux morts, et ne se suicide pas; presqu'à court de mots ou de pensées, comme le ferait croire la lettre à Poulet-Malassis, il écrit quand même sa colère et le suicide perd son attraction fatale pour devenir langage. Les mots qu'il écrivait ailleurs, "tout çà c'est des paroles et des suppositions poétiques," finissent par s'appliquer au suicide, l'écriture servant d'exorcisme. La même transmutation du désir de suicide en langage poétique s'opère dans l'œuvre de Baudelaire: dans les lettres, ce désir est admission de défaite de l'ambition et du besoin irréalisable; dans l'œuvre, il devient revendication du "droit de s'en aller"; dans les poèmes sur la mort des *Fleurs du Mal*, le travail esthétique provoque l'apaisement dans la "forme" et par conséquent un nouveau bail sur la vie. Dans les écrits du "dandy," le suicide se stylise en "sacrement du stoïque," ou "peine de mort" librement assumée: la "légitimation de la peine de mort," idée qui semble obséder Baudelaire, s'apparente à celle du suicide, car, écrit-il, "le sacrifice n'est complet que par le *sponte suâ* de la victime." La peine de mort perd alors son caractère de châtiment humiliant et cruel (comme l'auto-punition du suicide réel) pour devenir occasion et même spectacle de grandeur d'âme, inspiré soit par la pensée "mystique" et salvatrice (maistrienne) que le héros-victime va "gagner le paradis," soit, au contraire, par Satan qui fait "au proscrit ce regard calme et haut/qui damne tout un peuple autour d'un échafaud."[9] Ici, ressentiment et besoin d'être aimé sont tout à fait oubliés.

La grande ambition que Baudelaire montre dans les lettres à sa mère s'épanouit surtout dans l'œuvre pour aboutir au rêve d'héroïsme. Logiquement, ce sont les lettres qui servent de champ d'expression au besoin. Celui-ci se révèle pourtant dans l'œuvre de Baudelaire, mais sous une forme indirecte et transfigurée par l'expression poétique, car la poésie fondée sur l'image s'écarte du sentiment pur en jouant sur la corrélation avec les objets du monde. On le retrouve ainsi dans des

[9] *Plans et Projets*, p. 523, et *Fleurs du Mal*, p. 117.

poèmes où images et rythmes évoquent la nostalgie de la mère. "Tout poète lyrique, en vertu de sa nature, opère fatalement un retour vers l'Eden perdu," écrit Baudelaire dans son article sur Banville.[10] Cet Eden, union perdue d'avec la mère, survit sous forme de vagues traces dans la mémoire qui font naître, plutôt que le bonheur, la peine, le regret, la nostalgie de l'enfant de la "Vie antérieure" dont le "secret douloureux" remonte plus loin que le souvenir. Le poète cherche à cette peine un réconfort, un substitut de la douceur perdue, chez la femme consolatrice à qui il demande "aimez-moi, tendre cœur, soyez mère, même pour un ingrat, même pour un méchant," ou chez la femme guide et protectrice dont il implore les prières, ou, à défaut d'être vivant, dans la contemplation quasi mystique du ciel et de la mer, "rauque chanteuse" qui console dans sa "fonction sublime de berceuse," ou même de tableaux dans lesquels il voudrait pénétrer comme dans le bonheur; à propos d'*Ovide chez les Scythes* de Delacroix, il écrit: "L'esprit s'y enfonce avec une lente et gourmande volupté, comme dans le ciel, dans l'horizon de la mer, dans des yeux pleins de pensée, dans une sentence féconde et grosse de rêverie."[11] De tableaux de Fromentin, il écrit: ". . . Je suis moi-même atteint quelque peu d'une nostalgie qui m'entraîne vers le soleil; car de ces toiles lumineuses s'élève pour moi une vapeur enivrante, qui se condense bientôt en désirs et en regrets. Je me surprends à envier le sort de ces hommes étendus sous ces ombres bleues, et dont les yeux, qui ne sont ni éveillés ni endormis, n'expriment, si toutefois ils expriment quelque chose, que l'amour du repos et le sentiment du bonheur . . . ."[12] Ces images de bonheur passif rappellent celles de la "Vie antérieure," elles sont aussi comme un "port" où le poète peut jouir de la paresse sans qu'elle soit un vice, dans une sorte de transfiguration de la paresse dans l'art au moyen de l'imagination. Elles sont un peu comme la rêverie délicieuse de la "Chambre double" qui transfigure le taudis en chambre "spirituelle," dont l'atmosphère somnambulique et harmonieuse met l'esprit au repos: "Une senteur infinitésimale du choix le plus exquis, à laquelle se mêle une très légère humidité, nage dans cette atmosphère, où l'esprit sommeillant est bercé par des sensations de serre chaude."[13]

Nostalgie et besoin ont des échos peut-être dans la "tristesse étrange" et profonde qui émane de bien des poèmes des *Fleurs du Mal*, des poèmes du *Spleen* à la "Fontaine de Sang" où le sang "coule à flot" d'une blessure mystérieuse et inguérissable, et au "Cygne" à l'accent déchirant d'exil, et même jusqu'aux poèmes sur ces "déshérités" de "Tableaux parisiens" et

---

[10] *Banville*, p. 737.
[11] *Salon de 1859*, p. 1053.
[12] Ibid., pp. 1066-1067.
[13] *Spleen de Paris*, p. 234.

du *Spleen de Paris* qu'il regarde avec sympathie et horreur pour leur parenté avec lui.

Le ressentiment ou envers du besoin est aussi présent, par exemple dans l'image dépersonnalisée d'une mère de "Bénédiction," parodie blasphématrice de la mère du Christ et prostituée pleine de haine pour son fils, "ce monstre rabougri" qui la déshonore.[14] Le poème en prose "La Corde" dégonfle une "illusion d'amour maternel" dans l'image d'une mère odieuse dont le seul souci, après le suicide de son fils, est de récupérer pour en gagner quelques sous le bout de corde avec lequel celui-ci s'est pendu. Tous les adultes dans ce poème semblent coupables d'indifférence, mais le poète, fidèle à son esthétique, reste impersonnel, "glacial et fermé" pour "laisser au lecteur tout le mérite de l'indignation."[15]

Bien moins important que l'ambition dans l'œuvre littéraire, le besoin reste voilé, discret, car il est en définitive chose humiliante et qui devrait rester cachée; et quand, au hasard de la critique, Baudelaire le trouve chez autrui, il s'en moque comme d'une "superstition" attendrissante qui fait se retourner le "martyr ridicule," le "rêveur hystérique" privé de gloire par sa paresse vers "la mère, ce giron toujours ouvert pour les *fruits-secs*, les prodigues et les ambitieux maladroits."[16]

C'est essentiellement dans les lettres à sa mère que Baudelaire révèle son attachement, sa dépendance, et même avec une certaine réticence, semble-t-il dire: "Généralement je cache ma vie, et mes pensées, et mes angoisses, même à toi," écrit-il invraisemblablement (II, 232:1862). Pourtant il ne cesse d'en parler, incapable de contenir ses sentiments. Mais il se confie, se confesse à sa mère sous le sceau du secret; à plusieurs reprises dans ses lettres il montre sa terreur que d'autres en aient connaissance et découvrent une part de son être qu'il aurait honte de révéler: "Puissent de pareils aveux—ou pour vous ou pour moi—n'être jamais connus des hommes vivants et de la postérité! . . . Que cette lettre, adressée uniquement à vous, la première personne à qui je fais de pareilles confidences,—ne sorte pas de vos mains. . . . De pareilles plaintes ne peuvent s'adresser qu'à vous, et ne pas sortir de vous" (I, 144:1847). Dans une autre lettre il se plaint de son "doute" et de sa paresse: "Je pense en écrivant ceci, que pour rien au monde je ne l'avouerais devant un camarade" (I, 178:1851), car il trouve "honteux pour un homme de douter d'un succès" (I, 145:1847). Ce n'est pas seulement ses doutes ou sa difficulté à travailler qu'il voudrait cacher, mais aussi l'attachement qui le

---

[14] Voir à ce sujet, Mauron, "Premières recherches sur la structure inconsciente des *Fleurs du Mal*," p. 135.
[15] *Spleen de Paris*, pp. 278-281, et *Les Martyrs ridicules, par Léon Cladel*, p. 757.
[16] Ibid., p. 758.

pousse à se confier à sa mère: "Je crois que tu ne dois pas lui montrer ma lettre," écrit-il à propos d'Ancelle. *"Il y a des choses qu'on ne dit qu'à sa mère*; je ne parle pas des choses positives . . . je dis que simplement à cause du style, de la passion, de *tout ce qu'il y a d'intime et de secret dans une pareille lettre*, elle ne peut être montrée. . . . *C'est une vraie question de pudeur"* (II, 160:1861). Sa pudeur cherche à cacher une passion qui doit son intensité à l'amalgame de la pensée d'enfance et du langage admirable du poète adulte. Révélant à la fois le secret des doutes, de la paresse et du besoin, ces lettres montrent l'emprisonnement de Baudelaire en soi-même, dans son lien à sa mère, dans sa solitude: "Mais ne m'as-tu pas encouragé à tout dire, et au fait *à qui* veux-tu que je me plaigne? Il y a des jours où la solitude m'exaspère" (I, 191:1852).

Le désir de Baudelaire de satisfaire sa mère était déjà en contradiction avec son ambition héroïque, en tant que soumission à des impératifs d'enfance et sacrifice partiel de liberté; son besoin de sa mère semble une nouvelle dégradation de cet idéal, comme une deuxième étape de la "perte d'auréole." L'ambition grandiose de Baudelaire visait la gloire, une place dans les "rangs bienheureux des saintes légions," un état de liberté absolue et d'invulnérabilité sans lien avec l'existence banale; aussi est-il extraordinaire de voir les germes de cette ambition coïncider dans les lettres avec le besoin, la nostalgie de la mère qui se dessine en contrepoint; ce désir-là, aussi irréalisable que celui de gloire immédiate, produit dans les lettres une impression aussi grave d'échec, de frustration et d'empri-sonnement. Diamétralement opposé à la liberté idéale du héros, c'est le lien par excellence et il contribue profondément à la difficulté créatrice du poète: en effet, son but idéal, absolu comme celui de l'ambition, est l'union rêvée avec la mère, une résurrection de l'état d'enfance où tout désir serait obéi et tout besoin rempli dans l'immédiat, une union qui signifierait par conséquent l'abolition de la création littéraire et de la gloire que celle-ci peut conférer, puisqu'elle rendrait inutile tout langage.

Il semble bien en définitive que le besoin que Baudelaire a de sa mère est le véritable ennemi de l'ambition, une cause essentielle de la difficulté créatrice: privé de sa mère, il se sent souvent désespéré, et à tout prendre il se résignerait à choisir le bonheur: "Je frémis quelquefois de terreur en pensant à l'isolement où je serai un jour plongé. En supposant la gloire venue, rien ne compensera l'absence de cette vie d'affection domestique régulière que j'ai tant desirée et que je n'ai jamais connue" (I, 661:1860). Mais alors le désir glorieux se rebiffe et proteste: *"La littérature doit passer avant tout, avant mon estomac, avant mon plaisir, avant ma mère"* (à Ancelle; II, 414:1864).

Le besoin de Baudelaire, rêve d'union ou d'identification à la mère, est un lien qui devrait faire renoncer à l'ambition en échange de la jouissance de la présence maternelle. Inversement, pour que l'ambition aboutisse à la gloire, il faudrait que Baudelaire renonce à son besoin, accepte la perte de la mère, car l'ambition est une force qui sépare, éloigne et accomplit son but dans la distance. On trouve rarement dans la littérature ces deux désirs explicitement conjugués; il est même rare de trouver tout seul le désir de gloire aussi ouvertement proclamé, à moins qu'il ne s'incarne dans des personnages fictifs: Mauron montre comment les héros de Corneille doivent trouver la gloire dans la distance selon un mouvement qui éloigne du contact humain, comment Polyeucte par exemple doit renoncer à tout bonheur terrestre et s'éloigner pour devenir un saint.[17] Si la gloire procure finalement l'admiration du monde, il faut commencer par la trouver dans la solitude. Pour ceux qui ne sont pas des héros de la fiction, il s'agit de trouver une autre distance: c'est l'écriture elle-même qui, même si elle n'a pas pour but la fiction—bien que Baudelaire parle d'"habiller des fictions"—permet de créer une distance par rapport à l'auteur, dans ses lettres comme dans l'œuvre littéraire, et par rapport à celui (ou celle) qui le lit: cette "distanciation" permet à Baudelaire d'élaborer une image du héros à partir de son ambition, pas une image réelle de soi-même mais l'image grandiose d'un moi idéalisé, une persona qui devient fiction.

Si Baudelaire ne songe même pas à renoncer à l'ambition qui est sa raison d'être, il ne veut pas non plus renoncer à sa dépendance qui est son seul espoir de bonheur, en dépit de leur antagonisme ou du tiraillement qu'elles peuvent provoquer. Selon K. Horney, le conflit de l'ambition et de la dépendance est un trait caractéristique de la "personnalité moderne," un conflit où un élément l'emporte sur l'autre, l'ambition piétinant le besoin d'affection pour arriver à ses fins, ou la dépendance anéantissant l'accomplissement de l'ambition.[18] Ce conflit, Baudelaire le résoud simplement, par ses lettres, où les deux éléments peuvent se juxtaposer sans se nuire: même quand le besoin mène à l'impuissance et au bord du suicide—"Je t'en supplie, viens, viens, je suis à bout . . . de courage, à bout d'espérance. . . . Je vois ma vie littéraire à tout jamais entravée. . . ."—l'ambition n'a rien perdu de son éclat, et dans la même lettre, Baudelaire écrit: "Il y a des gens qui me saluent, il y a des gens qui me font la cour. . . . Ma situation littéraire est plus que bonne. Je puis faire ce que je voudrai. . . . Comme j'ai un genre d'esprit impopulaire, je

---

[17] Mauron, *Des Métaphores obsédantes au Mythe personnel*, p. 264.
[18] K. Horney, *The Neutoric Personality of Our Time* (New York: W.W. Norton & Co., 1937), p. 208.

gagnerai peu d'argent, mais je laisserai une grande célébrité . . ." (II, 154, 151-152:1861).

Besoin et ambition trouvent dans les lettres un champ commun d'expression, mais ce n'est pas seulement parce que celles-ci leur permettent de coexister sous forme de simples mots, car les lettres ne sont pas après tout un lieu clos comme le journal intime mais un moyen de communiquer avec la mère à qui lie la dépendance et de qui l'ambition écarte. Baudelaire préserve son ambition en visant à une image idéalisée de lui-même; en regard de cette fiction, n'en faut-il pas une autre qui permette au désir d'union de se réaliser lui aussi dans l'imaginaire? Répétons que le besoin s'exprime dans les lettres et que les lettres ne sont pas la réalité. On a souvent remarqué, et les lettres le montrent bien, que Baudelaire même quand les circonstances le permettaient ne cherchait pas très activement à réaliser son rêve d'union, malgré la souffrance de la séparation et de l'exil loin de sa mère, qu'il y répugnait presque, avançant toutes sortes de prétextes—valides d'ailleurs, i.e., son travail—pour ne pas aller chez elle à Honfleur, ou, après quelque temps passé là-bas, pour s'échapper; même au plus profond du besoin, au lieu d'y courir, il appelait au secours. Il semble aussi qu'il y a entre Baudelaire et sa mère un manque de connaissance mutuelle—"ma mère ne me connaît pas, elle m'a à peine connu; nous n'avons pas eu le temps de vivre ensemble," et réciproquement, "Je ne te connais bien en réalité . . . que depuis peu d'années"—manque de connaissance ou de compréhension mutuelles que Baudelaire cherche à réparer mais plutôt par lettres que par le contact réel. Il semble qu'il préfère écrire à sa mère, que celle-ci soit près ou loin, comme s'il donnait la primauté à l'écriture et à l'imagination sur l'intimité réelle, comme si la distance permettait de préserver, sans qu'il se dégrade, le souvenir de la mère. Les lettres préservent cette distance, réelle ou fictive, et permettent de maintenir dans l'esprit une image idéalisée de la mère, d'une mère parfaite en accord avec le rêve d'union.[19]

Ecrire des lettres abolit de façon fictive une distance douloureuse en maintenant un lien qui permet de parler à distance du besoin; en même temps, écrire préserve cette distance qui empêche l'union rêvée et qui est nécessaire au rêve de gloire. Ces lettres constituent ainsi une sorte de dialectique du lien et de la distance, de la présence et de l'absence, du besoin qui rapproche et de l'ambition qui éloigne, de clôture dans le réel et

[19] Certaines idées relatives à la dualité constituée par le besoin et l'ambition ont été suggérées par l'ouvrage de H. Kohut, *The Analysis of the Self: A Systematic Approach to the Psychoanalytic Treatment of Narcissistic Personality Disorders* (New York: International Universities Press, Inc., 1971).

d'ouverture sur le rêve. Mais c'est une dialectique qui joue surtout sur le plan de l'imaginaire et n'apporte pas de solution suffisante aux conflits révélés par les lettres et leurs échos dans l'œuvre de Baudelaire—ambition mégalomaniaque et réalité du travail, devoir envers soi-même ou envers autrui, rêve de la mère et nécessité de concentration, ambition et besoin: tous conflits qui tendent à provoquer la "vaporisation" du moi et de la volonté et contrecarrent la "centralisation" nécessaire à l'effort.

Tous ces conflits se résument en gros en conflit de l'indépendance et de la dépendance, deux grandes lignes qui traversent les lettres et servent à leur dessiner, dans leur tension, une sorte de structure, à la fois simple et complexe et qui reflète l'image de leur auteur et de ses difficultés dans le domaine du travail avec son ennemie la paresse. Dépendance et indépendance, paresse et travail se mêlent, s'embrouillent, luttent et coexistent pour compliquer à l'infini la difficulté du travail: si Baudelaire travaille, il satisfait sa mère et peut ainsi préserver le lien de la dépendance, et s'il se laisse subjuguer par la paresse il proteste contre elle inconsciemment de son indépendance; mais s'il travaille pour lui-même, pour remplir son ambition d'homme, il travaille ainsi à se libérer de son attachement et risque alors de perdre le lien avec sa mère—l'amour de sa mère—aussi par la paresse peut-il réaffirmer sa dépendance. Une ambivalence aussi enchevêtrée, qui fait du travail aussi bien que de la paresse à la fois claustration et libération, explique peut-être l'horreur que Baudelaire avait pour le travail comme pour la paresse. Il semble emprisonné dans la contradiction.

Conclusion

L'œuvre de Baudelaire laisse paraître avec une fréquence étonnante le sentiment de la dualité de l'être humain: la dualité est cause de souffrance car elle est l'image du combat qui se joue en l'homme entre ses désirs et aspirations contradictoires, elle est signe du tiraillement qui le déchire entre le bien et le mal, la spiritualité et la corporalité, la volonté de l'art et la tentation de la nature; elle peut être aussi motif d'orgueil puisqu'elle montre en l'homme, en Baudelaire en particulier, un objet digne du combat entre Dieu et Satan. Mais la fréquence presqu'obsessive de ce sentiment, la conscience suraiguë que Baudelaire a de la dualité laissent deviner qu'il élève peut-être au niveau métaphysique et universalise un conflit psychologique et moral qui lui est personnel, un conflit qui le divise, l'isole, l'emprisonne et fait obstacle à ses efforts créateurs.

Les lettres de Baudelaire à sa mère, en soulignant l'importance de la difficulté du travail, permettent de voir en elle l'évidence d'un conflit: entre travail et paresse, le poète ne peut aisément choisir, car la paresse n'est pas loisir mais s'impose comme une malédiction pour miner tout effort. Dans les lettres, paresse et travail se font face, se perçoivent et s'éclairent quelque peu dans la perspective d'une dualité nouvelle: la dualité constituée par deux grandes aspirations contradictoires qui sont, d'une part l'ambition grandiose qui évoluera dans l'œuvre en rêve de gloire et d'héroïsme, et d'autre part le besoin profond et ardent de la mère qui a survécu à l'enfance et qui mène à un rêve d'union magique dans le bonheur paresseux de la présence maternelle. Ambition et besoin sont contradictoires dans la mesure où celle-là est une force qui éloigne et doit s'accomplir dans la distance et la concentration solitaire du moi autonome et tout-puissant, alors que le besoin est un lien qui rapproche, qui mine la volonté et devrait faire paraître futile le rêve de gloire. L'ambition reste aussi à jamais insatiable, folle, démesurée, totalitaire, ainsi que Baudelaire la décrit chez un "ami," son alter-ego ou son double, qui "porte en lui l'inquiétude d'un malaise perpétuel, et fût-il gratifié de tous les honneurs que peuvent conférer les républiques et les princes," brûlerait encore de l'"envie de distinctions imaginaires."[1] En regard de cette folle ambition, le besoin de la mère produit un rêve aussi irréalisable; et dans l'impossibilité de l'accomplir loin d'elle, Baudelaire vit sa privation comme le contraire de son rêve dans la noire réalité, dans le ressentiment et l'ennui: ". . . Jamais une journée ne s'écoule sans que mes yeux se tournent vers votre cabane. Quel vide autour de moi! quelle noirceur! quelles ténèbres morales et quelles peurs de l'avenir!" (I, 318:1855). Il est inévitable que le tiraillement de ces deux désirs si profondément contradictoires, compliqué chacun de toutes les peines qu'il comporte, fragmente la puissance créatrice et provoque pour une bonne part la difficulté du travail.

On peut se demander alors quelle cause a pu empêcher qu'un de ces désirs l'emporte sur l'autre, pourquoi le poète qui se voulait héros n'a pas renoncé au besoin qui le lie à sa mère et qui tend à faire de lui un enfant: les lettres de l'enfance de Baudelaire permettent peut-être de suggérer une hypothèse qui explique ce problème. On y découvre en effet comment dans le milieu oppressif de l'internat ont pu germer bien des difficultés du poète futur: essentiellement rejeté par une mère qui n'était jamais satisfaite de lui et le trouvait ingrat, le petit Baudelaire a fait la première expérience de la dualité en découvrant le mal inhérent à une partie de son être; plongé dans la déréliction et le découragement, il a vu aussi son besoin de sa mère croître désespérement, et en même temps que le travail en devenait d'autant plus difficile, il a vu dans le travail le seul moyen de satisfaire sa mère et de mériter son amour. Devant l'insuccès de ses efforts, il a orienté son ambition naissante—nourrie de solitude, de lecture, de l'atmosphère du romantisme contemporain, et finalement de l'exercice de littérature et de connaissance de soi qu'implique un rapport essentiellement épistolaire avec ses parents—dans une voie qui devait se dessiner en vocation de gloire littéraire, mais tout en conservant le souci de satisfaire sa mère par son travail puisque c'était le seul moyen de trouver une issue à son besoin douloureux.

La tension entre l'ambition et le besoin semble donc être un aspect fondamental de la dualité de Baudelaire: elle sous-tend la dualité du travail et de la paresse et la complique aussi, chaque élément apportant lui aussi ses difficultés propres, l'ambition grandiose se révélant à jamais insuffisante devant la totalité de la gloire, le besoin provoquant de son côté

---

[1] *Spleen de Paris*, p. 263.

l'ennui, la paresse et le spleen. On comprend alors devant les problèmes de la difficulté à travailler de Baudelaire l'importance immense qu'il donnait au travail, dans ses vues esthétiques aussi bien que dans sa critique: le travail entre, en effet, aux rangs imposants des grandes postulations et devient l'"effort pour monter en grade" et se rapprocher de Dieu, alors que la paresse est "joie de descendre," de se laisser aller à la nature et à la tentation vaporisante de Satan.

Si l'œuvre se ressent de cette dualité, elle s'en nourrit aussi car l'ambition est littéraire et expression de soi, et comme la souffrance est matière première de cette expression et que le besoin est source de souffrance, l'ambition se nourrit paradoxalement du besoin. Mais pour bien faire, il faudrait échapper à la dualité inextricable et travailler "par désespoir," sans lien avec le besoin ou le désir de gloire, "travailler en aveugle, sans but, comme un fou," avec pour seule certitude celle du talent et l'espérance que,

> . . . les fleurs nouvelles que je rêve
> Trouveront dans ce sol lavé comme une grève
> Le mystique aliment qui ferait leur vigueur.[2]

---

[2] *Hygiène*, p. 1268, et *Fleurs du Mal*, p. 16.

Bibliographie

Baudelaire, C. *Correspondance générale*, recueillie, classée et annotée par J. Crépet et C. Pichois. Paris: Conard, 1947-1953.

————. *Correspondance*, texte établi, présenté et annoté par C. Pichois avec la collaboration de J. Ziegler, bibliothèque de la Pléiade. 2 vols. Paris: Gallimard, 1973.

————. *Critique littéraire et musicale*, éditée par C. Pichois. Paris: éd. de Cluny, 1961.

————. *Curiosités esthétiques, l'Art romantique et autres Oeuvres critiques*, textes établis avec introduction, relevé de variantes, notes et bibliographie par H. Lemaître. Paris: Garnier, 1962.

————. *Les Fleurs du Mal*, éd. critique établie par J. Crépet et G. Blin. Paris: Corti, 1942.

————. *Journaux intimes, Fusées–Mon Cœur mis à nu–Carnet*, édition critique établie par J. Crépet et G. Blin. Paris: Corti, 1949.

————. *Lettres inédites à sa Mère*, préface et notes de J. Crépet. Paris: Conard, 1918.

————. *Lettres inédites aux siens*, présentées et annotées par P. Auserve. Paris: Grasset, 1966.

————. *Oeuvres complètes*, texte établi et annoté par Y.-G. Le Dantec, édition révisée, complétée et présentée par C. Pichois, Bibliothèque de la Pléiade. Paris: Gallimard, 1961.

Auerbach, E. "The Aesthetic Dignity of the Fleurs du Mal." *Baudelaire: A Collection of Critical Essays*, edited by H. Peyre. Englewood Cliffs, N.J.: Prentice-Hall, Inc., 1962. Pp. 149-169.

Ariès, P. *L'Enfant et la Vie familiale sous l'Ancien Régime*. Paris: Plon, 1960.

Austin, L.J. *L'Univers poétique de Baudelaire: Symbolisme et Symbolique*. Paris: Mercure de France, 1956.

————. "Baudelaire et l'Energie spirituelle." *R.S.H.*, fasc. 85 (1957), pp. 35-42.

Bachelard, G. *Lautréamont*. Paris: Corti, 1939.

Balzac, H. de. *Oeuvres Complètes*, Bibliothèque de la Pléiade. Paris: Gallimard, 1949.

Bandy, W.T., et Pichois, C. *Baudelaire devant ses contemporains*, coll. "Le Monde en 10:18." Paris: Union générale d'édition, 1967.

Benjamin, W.P. *Charles Baudelaire: A Lyric Poet in the Era of High Capitalism*, translated from the German by H. Zohn. *N.L.B.*, 7 Carlisle Street, London W1, 1973.

Blin, G. *Baudelaire*. Paris: Gallimard, 1939.

———. *Le Sadisme de Baudelaire*. Paris: Gallimard, 1948.

Brombert V. "Claustration et Infini chez Baudelaire." *Actes du Colloque de Nice* (25-27 mai 1967), Annales de la Fac. des Lettres et Sc. humaines de Nice, IV-V. Paris: Minard, 1968. Pp. 49-59.

Butor, M. "Les Paradis artificiels." *Essais sur les Modernes*. Paris: Gallimard, 1964.

Cellier, L. "Baudelaire et l'Enfance." *Actes du Colloque de Nice* (25-27 mai 1967), Annales de la Fac. des Lettres et Sc. humaines de Nice, IV-V. Paris: Minard, 1968. Pp. 67-77.

———. *Baudelaire et Hugo*. Paris: Corti, 1969.

Crépet, E. *Charles Baudelaire*, revu et complété par J. Crépet. Paris: Messein, 1906.

Feuillerat, A. *Baudelaire et sa Mère*. Montreal: Variétés, 1944.

Fondane, B. *Baudelaire et l'Expérience du Gouffre*. Paris: Seghers, 1947.

Galand, R. *Baudelaire: Poétiques et poésie*. Paris: Nizet, 1969.

Giraud, R. *The Unheroic Hero in the Novels of Stendhal, Balzac and Flaubert*. New York: Farrar, Strauss & Giroud, 1969.

Goffman, E. *Asylums*. New York: Anchor Books, 1961.

Gracq, J. "Lautréamont et les Chants de Maldoror," introduction à Lautréamont. *Les Chants de Maldoror*. Paris: la Jeune Parque, 1947.

Grava, A. "L'Intuition baudelairienne de la Réalité bipolaire." *R.S.H.*, juillet-sept. 1967, pp. 397-415.

Horney, K. *The Neurotic Personality of Our Time*. New York: W.W. Norton & Co., Inc., 1937.

Kohut, H. *The Analysis of the Self: A Systematic Approach to the Psychoanalytic Treatment of Narcissistic Personality Disorders*. New York: International Universities Press, Inc., 1971.

Kopp, R., et Pichois, C. *Les Années Baudelaire*. Neuchâtel: La Baconnière, 1969.

Kushner, E. "Sartre et Baudelaire." *Actes du Colloque de Nice* (25-27 mai 1967), Annales de la Fac. des Lettres et Sc. humaines de Nice, IV-V. Paris: Minard, 1968. Pp. 113-124.

Laforgue, R. *L'Echec de Baudelaire*. Paris: Denoël et Steele, 1931.

Leakey, F.W. *Baudelaire and Nature*. Manchester University Press, Barnes and Noble, Inc., 1969.

Lefèbve, M.-J. "Discordances baudelairiennes et Déraison poétique." *Journées Baudelaire–Actes du Colloque de Bruxelles*, Académie royale de Langue et de Littérature françaises, 1968, pp. 92-103.

Mauron, C. "La Personnalité affective de Baudelaire." *Orbis Litterarum*, tome XII, fasc. 3-4 (1957), pp. 203-221. Copenhague: Munksgaard.

———. *Des Métaphores obsédantes au Mythe personnel: Introduction à la Psychocritique*. Paris: Corti, 1963.

———. *Le dernier Baudelaire*. Paris: Corti, 1966.

————. "Premières Recherches sur la Structure inconsciente des Fleurs du Mal." *Actes du Colloque de Nice* (25-27 mai 1967), Annales de la Fac. des Lettres et Sc. humaines de Nice, IV-V. Paris: Minard, 1968. Pp. 131-137.

Milner, M. *Baudelaire: Enfer ou Ciel, qu'importe!* Paris: Plon, 1967.

Peyre, H. *Connaissance de Baudelaire.* Paris: Corti, 1951.

————. "Baudelaire as a Love Poet." *Baudelaire as a Love Poet and Other Essays,* edited by L.B. Hyslop. University Park and London: The Pennsylvania State University Press, 1969.

Pia, P. *Baudelaire par lui-même.* Paris: Seuil, 1963.

Pichois, C. *Baudelaire: Etudes et Témoignages.* Neuchâtel: La Baconnière, 1967.

————. "Pour une prospective baudelairienne." *Etudes littéraires*, I, 125-128.

Pichois, C., et Pichois V., édition des *Lettres à Charles Baudelaire.* Neuchâtel: La Baconnière, 1973.

Pleynet, M. *Lautréamont par lui-même.* Paris: Seuil, 1967.

Pommier, J. "Jeunesse de Baudelaire." *Bulletin baudelairien*, III, no. 1 (1967), 5.

Porché, F. *Baudelaire: Histoire d'une Ame.* Paris: Flammarion, 1945.

Prévost, J. *Baudelaire: Essai sur l'Inspiration et la Création poétiques.* Paris: Mercure de France, 1953.

Proust, M. *A la Recherche du Temps perdu.* Paris: Gallimard, 1954.

Raymond, M. *De Baudelaire au Surréalisme.* Paris: Corti, 1940.

Renan, E. *Souvenirs d'Enfance et de Jeunesse.* Paris: Calmann-Lévy, 1947.

Ruff, M. *Baudelaire, l'Homme et l'Oeuvre.* Paris: Hatier, 1955.

————. *L'Esprit du Mal et l'Esthétique baudelairienne.* Paris: Colin, 1955.

Sagnes, G. *L'Ennui dans la Littérature française de Flaubert à Laforgue (1848-1884).* Paris: Colin, 1969.

Sartre, J.-P. *Baudelaire.* Paris: Gallimard, 1947.

————. *Les Mots.* Paris: Gallimard, 1964.

Starobinski, J. "Sur quelques Répondants allégoriques du Poète." *R.H.L.F.*, 1967, pp. 402-412.

Stendhal. *Le Rouge et le Noir*, éd. H. Martineau. Paris: Garnier, 1939.

Valéry, P. "Situation de Baudelaire." *Variétés II*. Paris: Gallimard, 1935.

Vivier, R. *L'Originalité de Baudelaire.* Paris: La Renaissance du Livre, 1926.

Vouga, D. *Baudelaire et Joseph de Maistre.* Paris: Corti, 1957.